GUILLAUME

LE

FRANC-PARLEUR,

OU

OBSERVATIONS

SUR LES MŒURS ET LES USAGES FRANÇAIS
AU COMMENCEMENT DU XIXe SIÈCLE.

QUATRIÈME ÉDITION,
REVUE, CORRIGÉE, ET ORNÉE DE DEUX GRAVURES.

Chaque âge a ses plaisirs, son esprit et ses mœurs.
BOIL., *Art Poét.*

TOME DEUXIÈME.

A PARIS,

CHEZ PILLET, IMPRIMEUR-LIBRAIRE,

ÉDIT. DE LA COLL. DES MŒURS FRANÇAISES,
RUE CHRISTINE, No 5.

1817.

GUILLAUME

LE

FRANC-PARLEUR.

N° XXVII. — 7 *janvier* 1815.

REVUE DE L'AN M.DCCC.XIV.

CINQUIÈME SOUPER DE M. GUILLAUME.

———

Multa dies variusque labor mutabilis ævi
Rettulit in melius.

VIRG. *Enéide, liv. XI.*

Tout a changé dans un instant, et des affaires que
l'on croyait absolument ruinées ont été rétablies.

LE jour de l'an, mon voisin Moussinot entra
chez moi de bon matin ; il voulait, dit-il, être
un des premiers *à me la souhaiter bonne et heureuse*. Je lui rendis son compliment à peu près
dans les mêmes termes, et nous nous mîmes à
causer auprès du feu en prenant une tasse de thé.

« Eh bien ! mon voisin, lui dis-je, voilà

II.   I

encore une bonne année de passée ?— D'abord,
me répondit-il, il n'y a jamais de bonne année .
passée ; les bonnes années sont à venir : quant
aux autres, elles se ressemblent toutes ; elles ont
également douze mois et quatre termes, n'est-il
pas vrai ? — Comment ! vous n'avez jamais
trouvé de différence d'une année à une autre ?
— Ah ! si fait : l'année de mon mariage, celle
où je me suis retiré du commerce, celle où le
feu prit dans ma maison par la faute d'un de mes
locataires, ces trois années ont fait époque dans
mes souvenirs ; à cela près, je vous l'avouerai,
je ne vois dans le cours des ans qu'un cercle
d'événemens semblables : toujours mêmes
inquiétudes, mêmes fêtes, mêmes craintes,
mêmes espérances. — Il me semblait cependant que la révolution n'avait rien laissé à
désirer aux amateurs de changemens, et que
chaque année de cette fameuse époque avait un
caractère bien distinct ? — Aux yeux des gens
qui sont montés sur les toits pour voir de plus
loin, c'est possible ; mais moi, qui me suis con-
tenté de regarder par la fenêtre, j'ai toujours vu
que les choses allaient le même train. En 1789,
quand certains mots de grimoire, auxquels je

n'ai jamais rien compris, tournèrent en un moment toutes les têtes, je conservai la mienne : tout s'agitait autour de moi , et je restais calme au milieu du tourbillon , en me rapprochant du centre , où le mouvement était moins sensible. J'étais marchand de laine , et je ne voulais pas faire des lois ; je me retirai donc prudemment à l'écart pendant qu'on formait les assemblées , les comités et les clubs. Je payai les impositions qu'on me demanda ; je vendis en assignats , j'achetai au *maximum* , et à tout prendre ma petite fortune n'en souffrit pas beaucoup. J'étais trop vieux et mes fils étaient trop jeunes , quand Bonaparte s'empara du pouvoir , pour qu'il lui prît envie de faire de nous des soldats : que m'importait son élévation ? Il a remporté de grandes victoires ; l'histoire en est pleine , et je n'ai pas plus gagné aux unes qu'aux autres ; il est tombé du trône , et j'ai applaudi à sa chute , par la raison toute simple que ma maison, qui se trouvait dans l'alignement d'une rue nouvelle , aurait été abattue s'il n'avait été renversé lui-même. Enfin , tout bien calculé , depuis une soixantaine d'années que j'assiste à la représentation de la vie , je vois de tems à autre changer les acteurs , mais la pièce est toujours la même. »

Tant d'égoïsme, d'ignorance et d'apathie ne composent pas à M. Moussinot un caractère à part ; son histoire est celle d'une foule de bons bourgeois qui ne remarquent dans les grands événemens qui changent sous leurs yeux la face des empires, que l'avantage ou l'inconvénient particulier qui doit en résulter pour eux. Le premier moment de crainte passé , ils n'ont vu dans la prise de Paris que l'occasion d'une entrée solennelle , et d'un brillant cortége qui devait passer devant leur porte. Comment croiraient-ils à l'importance des événemens dont ils ont été les témoins, et qu'ils ont lus dans la même gazette où l'on annonçait, quelques lignes plus bas , le succès ou la chute d'une pièce des Variétés ? Ils aiment leur roi par une sorte d'instinct naturel au cœur français ; mais ils ne connaissent de royaume que la *bonne ville* , et de patrie que leur paroisse : ils font alternativement des vœux contre la guerre qui fait augmenter les impôts , et contre la paix qui fait augmenter les loyers : ce petit nombre d'idées politiques remplit toute la capacité de leur cerveau.

Nous aurions poussé plus loin l'entretien sur

un sujet où je cherchais à m'exercer moi-même ;
mais on vint me prévenir qu'il faisait jour chez ma
femme ; mes enfans m'attendaient pour y entrer
avec moi. M. Moussinot me quitta, et nous convînmes de reprendre la conversation à souper.

Le premier jour de l'an est un jour de réunion
dans les familles : la mienne était au grand
complet : on se mit à table, et, après avoir épuisé
le chapitre des étrennes pendant le repas ; après
avoir entendu au dessert les complimens, les
couplets d'usage, les femmes et les enfans
passèrent dans le salon pour y danser une ronde
de la composition de mon fils Victor. Nous
autres gens raisonnables, ou du moins raison-
neurs, nous restâmes à causer gravement en
présence d'un bol de punch, dont l'influence se
fit plus d'une fois sentir pendant la discussion.
« Vous rappelez-vous, messieurs (nous dit l'ami
Dubuisson en remplissant nos verres), dans
quelle situation se trouvait la France l'année
dernière à pareil jour ? Notre territoire envahi
sur tous les points ; nos champs dévastés par des
armées innombrables ; quelques débris de ces
braves légions, éternel honneur du nom français, suppléant au nombre par un courage sur-

naturel, et opposant en vain une digue de fer
au torrent de soldats que l'Europe entière vo-
missait contre nous ! De quelle nuit affreuse
nous étions enveloppés ! l'inquiétude, l'effroi,
la fureur du désespoir se lisaient dans tous les
yeux. Je dînais ce jour-là chez un membre du
corps-législatif : il revenait des Tuileries où il
avait vu Napoléon, celui qui naguère remplissait le monde de l'éclat de sa gloire, de la
terreur de son nom, qui disposait à son gré des
trônes de l'Europe, et qui, chancelant alors
sur le sien près de s'écrouler, repoussait avec
orgueil l'appui qu'on lui présentait. Sa réponse
aux députés fut le dernier soupir de sa puissance.

CLÉNORD.

Comparez maintenant à ce tableau celui que
présente aujourd'hui la France pacifiée, res-
pirant sous un Roi dont la puissance est fondée
sur l'amour des peuples, sur le respect des lois
qu'il s'est imposées lui-même, sur cette liberté
politique, objet de tant de travaux, de tant de
sacrifices, et à laquelle la nation ne renoncera
jamais. A quelle autre époque les Français ont-
ils joui, dans une sécurité plus profonde, des

biens, des souvenirs et des espérances qui leur
sont le plus chères ? J'arrive du château : j'ai vu
le Roi au milieu des pairs du royaume, des députés
des départemens, de cette foule de héros repré-
sentans de la gloire nationale ; j'ai entendu les
paroles de la bouche du monarque ; j'ai lu dans
tous les yeux, dans tous les cœurs, et je suis
sorti convaincu que la France ne séparait plus
les mots de roi, de patrie et de liberté.

DUTERRIER.

Pour se faire une idée juste d'un tableau, il
ne faut pas en oublier les ombres ; or, M. de
Clénord ne nous parle pas de cette nuée de
courtisans de tout âge, de toutes dimensions,
de toutes couleurs, dont plusieurs n'ont pas
même pris la peine de changer la livrée vert et
or qu'ils portaient l'année dernière, et qui ne se
pressent autour du trône que pour en inter-
cepter la lumière ; il ne dit rien de ces ennemis
de l'état que révoltent les mots de *Charte cons-*
titutionnelle, et qui travaillent avec tant d'ardeur
à la détruire ; de cette foule active de gens mé-
diocres, sans autres titres que leur importunité,
sans autre recommandation que leur impudence,
qui se glissent dans tous les emplois, et se

courbent de manière à passer sous toutes les portes; de ces délateurs à gage que l'on paye à tant la calomnie, et de ces écrivains infâmes qui se vendent à tant la page.

FRÉMINVILLE.

Tout cela est vrai, et tout cela n'empêche pas de remarquer qu'il s'est fait dans notre situation et dans nos mœurs des changemens on ne peut plus heureux; le véritable thermomètre de la prospérité publique, c'est le luxe; or, jamais il n'y a eu tant de voitures, jamais on n'a donné tant de bals, jamais on n'a fait tant de visites et vendu tant de bonbons que cette année : donc, comme disait dernièrement le *Journal des Débats*, jamais la France n'a été dans un état plus florissant.

GUILLAUME.

Si quelques personnes ne se contentaient pas des preuves de mon cousin Fréminville, on pourrait ajouter que nos finances se rétablissent, que nos relations commerciales s'accroissent, que nos manufactures prospèrent, et , ce qui vaut mieux encore, que l'esprit public, sans lequel il n'y a ni patrie ni véritable grandeur, fait chaque jour d'incontestables progrès.

CLÉNORD.

Le Franc-Parleur ne dit rien des sciences et des lettres ?

GUILLAUME.

C'est qu'il n'y a malheureusement rien de beau à en dire, et que l'influence du nouvel ordre de choses ne s'y est pas encore fait sentir.

DUTERRIER.

Il est de fait qu'à l'exception de la *Vie de Bossuet* par M. de Beausset, on n'a publié aucun ouvrage remarquable dans aucun genre depuis la restauration.

CLÉNORD.

On nous en a donné la monnaie en brochures, en pamphlets, en libelles, en dissertations de toute espèce; et, si l'on y regardait bien, on verrait que nos littérateurs, en dix mois, nous ont débité par cahiers plus de paradoxes, de vérités, de mensonges et d'esprit, qu'il n'en faudrait pour remplir cent volumes in-8°.

GUILLAUME.

Pour être juste, il faut ajouter que, dans cette nuée de brochures, dont plusieurs resteront

*

comme matériaux historiques, il en est une qui
mérite d'être classée parmi les meilleurs livres.
Les Réflexions politiques de M. de Châteaubriand
ont eu sur l'opinion publique l'influence qu'obtiendront toujours la raison présentée avec éloquence et la vérité dite avec courage.

DUTERRIER.

La muse de la poésie n'a pas été mieux ins-
pirée que ses sœurs. Un seul poète, d'un nom
plus fameux au Champ-de-Mars que sur le Par-
nasse, vient de s'y présenter une épopée à la
main; il a chanté *Charlemagne* en vers de grand
seigneur; et si l'on remarque dans son poëme
assez de beautés pour excuser l'éloge ridicule
qu'on en eût fait autrefois, on n'y trouve pas
assez de défauts pour justifier la satire bassement amère qu'on en fait aujourd'hui; mais la
chute est à l'ordre du jour dans cette famille.

FRÉMINVILLE.

Il y a eu des années beaucoup plus mauvaises
pour les théâtres. Aux Français, la tragédie
d'*Ulysse* n'est pas un début sans gloire, et les
Etats de Blois ne sont pas indignes de l'auteur
des *Templiers*. Après cela je conviendrai, si l'on
veut, que la comédie de *Fouquet* est la plus

mauvaise pièce en cinq actes qui ait été donnée sur aucun théâtre du monde.

L'Opéra nous a donné, à quelques mois d'intervalle, deux ouvrages de circonstance bien opposés : l'un a été interrompu par le bruit du canon, et l'autre par le bruit de l'orchestre.

Je ne citerai à *Feydeau* que l'opéra de *Joconde;* mais aussi vous avouerez que cette pièce est un des chefs-d'œuvre du genre.

Il faut savoir gré à l'*Odéon* d'une jolie comédie en trois actes, et faire des vœux pour que ce théâtre, si utile aux progrès de l'art, obtienne du gouvernement et du public les encouragemens auxquels il a droit de prétendre. Je ne dis rien des petits théâtres, sinon qu'on ne rit plus au *Vaudeville*, et qu'on a honte de rire aux *Variétés*.

DUBUISSON.

Parlons un peu des journaux.

CLÉNORD.

C'est à M. Guillaume à traiter cette question : il a le secret du corps.

GUILLAUME.

Je ne vous dirai pas comme certain rédacteur

du *Journal des Débats*, que *le meilleur est incon-
testablement et sous tous les rapports celui dans
lequel j'écris* (car il faut, autant que l'on peut,
ne pas se donner l'air d'un charlatan qui vante
son baume); mais j'avouerai, comme une proposition générale dont je vous laisserai le soin
de faire l'application, que le meilleur journal
est celui qui est fait dans un bon esprit, avec le
plus d'esprit et d'indépendance; celui dont les
rédacteurs ne mentent pas à leur conscience,
ne trafiquent pas de leurs opinions, et n'écri-
vent que dans l'intérêt de la patrie, de la justice
et de la vérité.

FRÉMINVILLE.

D'après cette définition d'un bon journal, je
ne sais pas encore bien auquel je dois donner la
préférence; mais je sais déjà celui que je ne dois
pas choisir.

DUTERRIER.

Je remarque avec peine que cette annnée, si peu
productive pour les lettres, les a frappées d'une
double perte, dont elles auront long-tems à gé-
mir. Le chantre de *Virginie* et l'amant d'*Eléo-
nore*, enlevés à quelques mois l'un de l'autre, res-

teront tous deux, le premier (malgré ses erreurs en physique) un de nos plus grands prosateurs, et l'autre (malgré quelques écarts d'une autre espèce) le modèle de nos poètes érotiques. »

Moussinot, qui n'avait pas encore ouvert la bouche, prit en ce moment la parole, et, du ton d'un homme sûr de l'effet qu'il va produire : « Je vous ai bien écoutés, nous dit-il : vous croyez avoir passé l'année en revue dans votre conversation ; le fait est que vous avez oublié les deux seuls événemens qui lui assignent dans l'histoire du monde une physionomie toute particulière : *la sortie* de Bonaparte et *l'entrée* de Louis XVIII. Je n'ajouterai à cette réflexion que deux mots qui en valent bien d'autres : *à la santé du Roi !* » Chacun applaudit à cette proposition. « *A la santé du Roi, et à la conservation de la Charte, de la gloire et de la liberté nationales !* » continua M. de Clénord en se levant. Nous imitâmes son action ; tous les verres furent aussitôt remplis, et nous bûmes avec enthousiasme à ces objets de l'amour et de la vénération du peuple français.

L'HOTEL D'ANGLETERRE.

———

Il s'obstine, et bientôt ses trésors disparaissent
Changés en remords dévorans.
Enfin l'indigence cruelle,
Traînant tous les maux avec elle,
Dissipe, mais trop tard, l'erreur qui l'a séduit.
Sans asile, rebut du monde qui l'abhorre,
O mort ! il t'appelle, il t'implore ;
Tu serais un bienfait dans l'horreur qui le suit.

LES médecins ont recours à des exutoires pour donner passage aux humeurs surabondantes dont les corps replets sont communément travaillés ; la police, dans les grandes capitales, combat avec un remède semblable les inconvéniens d'un autre genre d'obésité : elle laisse subsister, quelquefois même elle prend la précaution d'ouvrir des sentines où s'écoule cette fange de la société qui tend à en corrompre toutes les parties saines.

Il existe à Paris plusieurs cloaques de cette espèce, dont le nom même, ignoré de la plus grande partie des honnêtes gens, ne peut arriver jusqu'à eux que par un hasard semblable à celui qui me l'a fait connaître.

Comment se figurer qu'un homme qui arrive à Paris pour la première fois; qui traverse les Champs-Elysées dans une berline attelée de six chevaux de poste; dont les domestiques ont retenu le plus beau logement de l'hôtel Grange-Batelière; qui vient pour passer quelques années dans cette capitale, où sa fortune lui donne le moyen de satisfaire tous ses goûts raisonnables, toutes ses fantaisies même; comment se figurer, dis-je, que cet homme puisse, en moins de deux ans, se trouver dans une situation telle qu'il se soit fermé la porte de ses amis par son inconduite, qu'il ait épuisé toutes ses ressources, et qu'il soit arrivé à ce degré de dénuement où, n'ayant plus ni feu ni lieu, il soit réduit à chercher un asile dans un repaire où il a du moins l'espoir de passer la nuit sans mourir de froid?

On ne sait pas assez combien il y a de gens à Paris dans cette déplorable position, et

l'on ignore encore plus généralement qu'un des
bouges où ils se rassemblent est décoré du nom
d'*Hôtel d'Angleterre*. Cet hôtel (puisqu'il est
convenu de lui laisser ce nom) est situé dans
une des plus grandes rues et des plus beaux
quartiers de Paris. Cette maison garnie (connue, il y a trente ans, par une table d'hôte,
dont la bonne compagnie n'était pas absolument
exclue) jouissait du privilége d'un double
tripot, où les maîtres se ruinaient dans le salon,
et les valets dans l'antichambre. Cette honteuse branche d'industrie s'est singulièrement
perfectionnée pendant la révolution : des tem-
ples plus brillans ont été ouverts à la fortune ;
les joueurs riches (c'est-à-dire ceux à qui il
restait encore quelque chose à perdre) ont
déserté l'Hôtel d'Angleterre, et cet endroit
n'a plus été fréquenté que par le rebut d'une
classe d'hommes dont la partie la plus honnête
n'a sur l'autre que l'avantage de quelques heures
et l'usufruit de quelques écus.

Il est probable que j'aurais ignoré toute ma
vie l'existence de ce honteux refuge, sans une
de ces circonstances particulières qui forcent

un homme à sortir momentanément du cercle de ses habitudes.

Ma femme appartient à une des familles les plus riches en cousins qu'il y ait peut-être en France. Elle en a dans toutes les provinces du royaume; les plus pauvres sont en Normandie. Au nombre de ces derniers se trouve un vieux garçon que j'appellerai La Morangère (pour m'écarter le moins possible de son nom, sans pourtant le nommer).

Ce cadet dè Normandie a vécu quarante-cinq ans du modeste produit de quelques arpens d'*herbage* qui lui rapportaient quinze ou dix-huit cents livres de rentes. Ses défauts, enfouis au fond d'un village, y passaient pour de l'originalité.

La partie, ou plutôt les parties de piquet qu'il jouait d'habitude avec le curé du lieu, consommaient six heures de son tems par jour, et ajoutaient à ses fermages le casuel de la paroisse, quand elles n'augmentaient pas la portion congrue du curé d'une bonne partie de ses revenus. Huit pièces de vin de Brie, qu'il échangeait annuellement contre sa récolte de cidre, suffisaient à peine à la consommation de sa table,

dont une jeune gouvernante du pays de Caux
faisait de son mieux les honneurs.

Tout portait à croire que la vie de M. de La
Morangère s'écoulerait dans ces douces occupations, et qu'il en attendait le terme aussi
paisiblement qu'il l'avait parcourue ; mais le
sort tient toujours en réserve quelque caprice
pour tromper les calculs de la raison. Une vieille
tante de Lizieux, qui n'avait jamais voulu le
voir de son vivant, par une de ces contradictions de l'esprit humain que je n'entreprendrai
pas d'expliquer, lui laissa toute sa fortune, au
détriment de deux parentes qui ne l'avaient pas
quittée depuis vingt ans.

La Rochefoucault a dit *qu'il était plus aisé de
supporter la mauvaise fortune que la bonne ;* La
Morangère en fournit un nouvel exemple : héritier d'une fortune de soixante mille livres de
rente, il débute dans la carrière des folies, où
il se lance, par abandonner la liquidation d'une
succession considérable *en Normandie* à un
homme d'affaires qui lui ouvre un crédit illimité
sur une maison de banque de Paris ; il y arrive
dans tout l'éclat d'un luxe de la ville.

Un chasseur, galonné sur toutes les tailles

de son habit, vient me remettre un billet, par lequel on me prévient qu'un parent arrivé depuis quelques jours désirait me voir à l'hôtel Grange-Batelière, où il était logé ; j'aurais pu répondre au parent qu'il n'y avait pas plus loin de chez lui chez moi, que de chez moi chez lui, et qu'il est d'usage que le nouveau venu fasse les avances ; mais j'ignorais son âge, et je ne suis pas formaliste.

Je me rendis à son invitation : je trouvai La Morangère établi dans un appartement somptueux ; il me reçut avec une politesse provinciale où je crus remarquer plus d'envie de se prévaloir à mes yeux des avantages de sa fortune, que de ceux de notre alliance. Il m'assura cependant qu'il avait fait le voyage tout exprès pour voir sa cousine, dont il avait conservé le plus doux souvenir ; il me pria de le présenter dans le monde, et déclara qu'il ne voulait se conduire que d'après mes conseils.

Je fus huit jours sans le revoir ; enfin il se présenta chez moi, s'excusa gauchement auprès de sa cousine, et nous invita à dîner pour le lendemain. Je fus moins étonné de la magnificence du repas que du nombre et du choix des

convives, dont pas un ne m'était connu, bien
que tous qualifiés des plus beaux titres. Parmi
tous ces amis de fraîche date, j'entendis nommer un joueur célèbre ; et les préférences dont
il était l'objet éveillèrent dans mon esprit des
soupçons qui ne tardèrent pas à se changer en
certitude.

Après le dîner, je proposai à mon cousin de
le présenter, comme il m'en avait témoigné
le désir, chez quelques personnes de ma connaissance ; il me parut y tenir beaucoup moins
qu'à notre première entrevue, et me répondit
avec distraction en donnant des ordres pour
faire dresser les tables de jeu, autour desquelles,
à mon grand étonnement, se rangèrent tous
les convives. Dans le nombre se trouvaient
plusieurs comtesses et marquises de hasard qui
me rappelèrent ce petit dialogue du duc de L***
avec deux femmes autrefois célèbres : « Que
jouez-vous, mesdames ? — L'honneur, M. le
duc. — Il n'y aura rien pour les cartes. »

Nous sortîmes bien convaincus, ma femme et
moi, que le pauvre cousin venait d'ouvrir sa succession au profit de gens qu'il naurait probablement pas songé à porter sur son testament.

Six jours s'écoulèrent sans que je le revisse ; il avait employé son tems de manière à augmenter toutes nos craintes ; je crus devoir l'effrayer sur les suites de la vie qu'il menait : il ne m'entendit pas ou m'entendit mal, au milieu du fracas d'une fortune de douze cent mille francs qui s'écroulait ; je lui fis lire la satire du *Pauvre diable* : il n'y vit qu'un roman, et ne voulut pas entendre que ce roman serait bientôt son histoire.

Grâce au luxe de sa table, aux goûts dispendieux de ses maîtresses, au zèle actif de ses amis, mon campagnard en fut bientôt aux emprunts. Il vint me confier son embarras. Je joignis à mes conseils mes offres de services : il accepta ces dernières. A la seconde visite, je réitérai mes conseils et supprimai mes services. Il se fâcha, et je me crus permis de ne lui offrir ni les uns ni les autres.

Il s'éloigna de chez moi, chercha des ressources dans le jeu, qui avait occasionné sa ruine, et des sentences de tribunaux l'obligèrent à régler en prison ses comptes. Son homme d'affaires démontra clairement à ses créanciers qu'il ne lui restait qu'un passif de 250,000 francs.

On le remit en liberté, ne possédant plus au monde que ce qu'il avait sur lui.

Rien ne s'épuise plus vîte à Paris que la bienveillance des amis de la nature de ceux que La Morangère s'était faits dans le tems de sa fortune. Quelques bijoux d'assez grand prix, dont il aurait pu se faire une ressource durable, se fondirent, en quelque sorte, dans les bureaux de prêt. Je fus près de deux ans sans en entendre parler.

Une de ses sœurs m'écrivit, il a quelques mois, pour en avoir des nouvelles. Toutes mes recherches avaient été sans résultat. Je m'adressai à l'un de ces hommes qui ont un *œil* de plus que les autres, et qui jouissent du privilége de certains animaux, de distinguer les objets dans l'ombre. « Je connais celui dont vous me parlez, me dit-il, et je vous conduirai ce soir à l'endroit qu'il habite, si vous avez le courage de me suivre. »

Je me rendis à 11 heures du soir au café de la Régence, que cet homme m'avait assigné pour rendez-vous. Je l'y trouvai, et nous sortîmes ensemble. A quelques pas de là, nous entrâmes par une étroite porte-cochère dans un long corridor, au bout duquel on lisait sur les vitres d'une lanterne enfumée ces mots en transparent : BUVETTE DE NUIT. Je n'avançai pas sans une sorte de crainte mêlée de dégoût dans un lieu où l'on respirait je ne sais quel air de corruption. A l'issue du corridor, nous nous vîmes dans une cour fangeuse, où nous entrions à peine, que nous nous trouvâmes au milieu de cinq ou six hommes qui sortaient brusquement d'une salle basse en criant : *A la garde !* Je reculai effrayé. « Ne craignez rien, me dit mon guide, ce sont des gens qui s'amusent. » Il me prit par la main et me conduisit à la *Buvette*, en traversant une cuisine où s'agitait, au milieu d'un tourbillon d'épaisse fumée, une vieille femme auprès de qui la *Léonarde* de Lesage aurait paru d'une propreté et d'une beauté d'ange. Les juremens de cette mégère se mêlaient au grésillement du lard qu'elle faisait fondre, et dont l'odeur âcre vous prenait à la gorge avec la même violence que la fumée d'un bois vert exerçait sur les yeux.

De ce cloaque nous passâmes dans une cave éclairée par une lampe de cuivre à trois becs, qui répandait une clarté sale et doutcuse sur

les objets hideux dont nous étions environnés.
Pour cette fois, je me crus dans la caverne de
Gil-Blas.

« Vous paraissez bien surpris, me dit mon
conducteur (en demandant une bouteille de
vin); on voit que vous venez ici pour la première fois : ce sera probablement la dernière,
ainsi profitez-en pour y faire vos observations,
en attendant que notre homme arrive : il ne
tardera pas. »

Je l'interrogeai sur les personnages au milieu
desquels nous nous trouvions. « Cet homme, me
dit-il, que vous voyez endormi sur ce banc, la tête
appuyée sur un cotret, est un homme de lettres,
auteur de plusieurs pièces, dont quelques-unes
ont obtenu du succès sur les grands théâtres;
il n'a d'asile que ce taudis public; encore ne
trouve-t-il pas le moyen de s'y rendre toutes
les nuits, dans l'état d'ivresse où il est habituellement plongé.

» Ces deux pauvres diables qui jouent au
piquet sur un tonneau, avec des cartes dont la
saleté a triplé l'épaisseur, sont les deux plus
anciens habitués de la buvette; l'un était jadis
un riche épicier de la rue des Prouvaires : ruiné

par le jeu , et long-tems détenu pour dettes ,
il a été obligé de faire cession de bien pour
sortir de prison ; sa femme est morte de chagrin ,
et de ses trois enfans en bas âge deux sont
aux orphelins , et il loue le troisième à cette
mendiante de la rue Taitbout , qui invoque la
pitié en étalant sur la paille cinq ou six misérables petites créatures dons elle se dit la mère.
Son compagnon est un ancien militaire , homme
de bonne famille , qui ne se doute pas qu'avant
une heure il doit être arrêté pour un faux qu'il
a commis il y a quelques mois.

» Ce gros coquin qui chante à pleine gorge
à la table vis-à-vis , entre deux femmes dont
vous pouvez deviner la profession, est un ancien acteur d'un de nos grands théâtres , d'où il
a été renvoyé par inconduite. Il vient manger ici
le quartier de la chétive pension qu'on lui paye ,
et qu'il a sans doute touché ce matin.

» Cet autre , assez proprement vêtu , qui se
promène de long en large en tirant à tout moment sa montre , est , suivant toutes les appa-
rences , un bourgeois dépaysé de l'Estrapade ou
du Marais ; il craint de ne pouvoir rentrer chez
lui , et se consulte pour savoir s'il attendra le

jour dans cet endroit. » Je voulais offrir à ce
pauvre homme un asile plus honnête. « N'en
faites rien , me dit mon guide ; j'ai déjà remarqué qu'il était, sans le savoir , sous la protection de deux de mes gens : ceux-ci viennent de
s'apercevoir d'un complot formé contre lui , et
en attendent l'effet pour mettre la main sur
des bandits que Bicêtre réclame depuis long-
tems. »

Mon nouvel Asmodée allait continuer sa
revue ; des cris affreux se font entendre dans
la cour ; chacun y vole : un homme venait
d'être assommé par deux autres qui s'enfuyaient
en criant au voleur; cet homme (qu'on juge
de ma surprise et de ma douleur) était le malheureux La Morangère. Je le réclamai auprès
du commissaire qui vint dresser le procès-verbal , et je le fis transporter chez moi ; mais les
soins qui lui furent prodigués ne retardèrent sa
mort que de quelques jours.

Je n'ajoute aucune réflexion au récit de cette
malheureuse aventure , à laquelle je n'ai rien
changé que le nom du personnage et la date de
l'événement.

LA CHARTE EN FAMILLE.

—

*He looks upon his children not only as the continuance of
his species, but of his works.*

BACON'S *Essais.*

Il voit dans ses enfans non–seulement la continuation
de son espèce, mais celle de ses ouvrages.

Nous avons quelquefois des discussions assez
vives, mon noble ami M. de Clénord et moi,
au sujet du gouvernement qui convient le mieux
à la France. Très-zélé partisan de la monarchie
constitutionnelle, en spéculation générale, il
n'est pas encore bien convaincu que cette forme
de gouvernement puisse jamais être en harmonie
parfaite avec les mœurs et le caractère de notre
nation. Il en revient sans cesse à cette assertion,
qui n'en est pas plus vraie pour être souvent ré-
pétée : *La France a subsisté mille ans avec gloire et
bonheur sous le gouvernement paternel de ses rois :*

*Pourquoi changer un ordre de choses consacré par
dix siècles de succès ?* Je lui demande s'il com-
prend dans ces dix siècles de gloire et de bonheur le tems où les Anglais étaient maîtres en
France de la Garonne à la Loire ; où chaque
province était en guerre contre la province voisine ; où les feudataires de la couronne , s'arro-
geant le pouvoir souverain , déclinaient, sous le
moindre prétexte , l'autorité royale , et quelquefois s'armaient contre elle. Je lui demande s'il
était bien paternel le gouvernement de Charles VI,
de Louis XI , de Charles IX , de Henri III. Il me
répond en me parlant de Louis IX, de Henri IV,
de Louis XIV , de Louis XVI ; je renchéris
sur les éloges qu'il donne aux plus grands, aux
meilleurs de nos rois , et il croit avoir gain de
cause sur une question qu'il a tout-à-fait dé-
tournée.

« Le gouvernement paternel , lui disais-je il y
a quelques jours , tient uniquement à la personne
du monarque ; il fait le bonheur de la génération vivante , sans aucun avantage , sans aucune
garantie pour les générations à venir. On en
trouverait peut-être autant d'exemples dans les
annales de Turquie que dans celles d'Angleterre.

Ce n'est qu'un accident politique dans l'histoire d'une nation. Le gouvernement, fondé sur des bases constitutionnelles, remédie au seul inconvénient de l'hérédité des couronnes, en perpétuant sur le trône des rois dont le moins bon, forcé de régner par des lois invariables, ne peut compromettre ni l'existence ni même les intérêts de son pays. Le triomphe du gouvernement constitutionnel est de pouvoir se passer d'un bon roi. Dans la plus longue suite des monarques de cette espèce, un seul s'élève nécessairement au-dessus des autres, et c'est celui auquel la nation est redevable du bienfait de cette charte politique, sans laquelle il n'y aura bientôt plus en Europe que des trônes amovibles et des monarchies viagères. L'état, nous dit-on, est une grande famille qui doit, comme les autres, se gouverner par la volonté de son chef. Et moi je pense que la famille est un petit état qui doit, ainsi que l'autre, se gouverner, sous l'autorité d'un chef, par la volonté des lois. Je viens de voir faire une singulière application de ma théorie ; je demande à mes lecteurs la permission d'en exposer les résultats.

Il existe à Paris un ancien conseiller au parle-

ment d'Aix , que je nommerai le baron Desverrières. Nous étions très-jeunes l'un et l'autre
lorsque nous nous sommes connus en Provence;
les circonstances nous ont rapprochés depuis un
an , et les souvenirs de notre première jeunesse
ont renoué notre ancienne liaison.

A un grand fonds de probité , le baron joint
une originalité d'esprit et une fécondité d'imagination qui lui font trop souvent prendre des
idées bizarres pour des vérités neuves. Sa prétention la plus singulière a toujours été de se
croire profond dans l'art de gouverner, et dans
le tems où il avait l'espoir fondé d'une très-
grande fortune je lui ai souvent entendu dire
qu'il échangerait quelque jour toutes ses pro-
priétés , tous ses domaines, contre une île qu'il
se ferait céder en toute souveraineté , et dans
laquelle il réaliserait la fable des Troglodites.
La révolution vint; il en fut pour son rêve , et
ne put jamais se passer la fantaisie de régner ;
j'en suis fâché pour son peuple , qu'il eût, je crois,
rendu fort heureux.

Le baron avait de la domination dans l'esprit ,
et de l'obéissance dans le caractère : il se maria
et fut gouverné par sa femme , à laquelle il aban-

donna la direction de ses finances ; le désordre ne tarda pas à s'y introduire avec le goût effréné du luxe et du plaisir. Le baron , qui s'en aperçut , signala fort bien les causes du mal , mais il n'osa pas y apporter de remède , et se contenta d'appeler sa femme *son contrôleur Calonne.*

Quelques petites successions vinrent heureusement combler le déficit qu'il s'occupait à calculer , tandis que sa femme , aidée de ses quatre enfans , grandis au milieu des troubles révolutionnaires , travaillait de son mieux à déranger de nouveau sa fortune.

Le désordre augmentait de jour en jour , mais Desverrières comptait pour les réformes sur le bienfait de l'âge ; sa femme avait pris son parti ; elle avouait déjà quarante ans ; c'était , disait-il, un commencement de sagesse : vain espoir ! elle se fit dévote ; son directeur eut accès dans la maison, s'empara peu à peu de l'autorité, régla tout, brouilla tout ; on finit par ne plus s'entendre.

Pour comble d'embarras, arriva du fond de l'Allemagne, où il vivait retiré depuis trente ans , un vieux commandeur de Vilarmose, oncle de Desverrières , lequel avait , ou du moins croyait avoir quelques réclamations à exercer

sur les héritages qu'avait faits son neveu. Il
commença par s'installer dans l'hôtel de Desverrières (dont il se disait propriétaire par
indivis), en murmurant contre les changemens
qu'on y avait opérés pendant sa longue absence,
et sans même approuver ceux que le tems avait
rendus nécessaires. Ce M. de Vilarmose, en
quittant la France , avait emporté avec lui une
provision de vieux préjugés , et n'en avait perdu
aucun en route; il ne se contentait pas de les
employer à son usage , il voulait encore en af-
fubler tous ceux qui l'entouraient. C'était sans
cesse une nouvelle querelle avec le père, la mère
et les enfans , qu'il prétendait ramener au bon
goût et aux beaux usages de sa jeunesse. Les
jeunes gens se moquaient de lui ; Desverrières,
qui voulait être médiateur entre eux et leur grand
oncle, ne satisfaisait ni l'un ni l'autre parti , et
l'anarchie allait croissant dans cette famille.

Tel était l'état des choses , lorsque le baron
vint me voir le mois dernier , et me fit part de la
ferme volonté où il était de rétablir l'ordre dans
sa maison. La faiblesse a fait le mal , me dit-il,
la force va le réparer. J'ai laissé prendre à ma
femme un empire dont elle a trop long-tems

abusé ; je lui retire mes pouvoirs , et je congédie
son directeur. Je signifie à mon oncle qu'il ait
à se pourvoir d'un autre logement ; je renvoie
mon fils aîné à son corps ; je fais entrer le second
à l'école de droit , je mets le troisième au col-
lège , et je réduis ma fille à une pension de six
cents francs pour sa toilette : en un mot , je ne
veux plus qu'il y ait chez moi d'autre volonté
que la mienne.

» — Mon cher baron, lui répondis-je, le moyen
que vous voulez employer me paraît bien violent , et , s'il faut tout dire , j'en crois l'exécution impossible : votre femme , accoutumée au
pouvoir qu'elle exerce chez vous depuis vingt
ans, ne se pliera jamais à une obéissance passive ;
vous l'aimez , et vous ne voudrez pas la rendre
malheureuse ; votre fils aîné est un capitaine de
cavalerie plein d'honneur, dont les défauts, fruit
de l'éducation , sont amplement compensés par
les qualités les plus estimables : les mesures de
rigueur ne peuvent rien sur un caractère de
cette trempe ; quant à votre oncle le commandeur, respectable à vos yeux par son âge , par
le rang qu'il occupe dans votre famille , il a des
préjugés et des prétentions qu'il faut combattre ,

mais sans donner au public le scandale d'une
rupture où vous auriez peut-être également à
perdre. Voulez-vous m'en croire ? reprenez votre
autorité naturelle et légitime sans violence , sans
déchirement , et sans compromettre votre bonheur et celui de votre famille ; je vais vous parler
votre langage : vous avez fait la triste expérience
des maux de l'anarchie , vous sentez les inconvéniens du pouvoir absolu ; prenez un terme
moyen qui concilie tous les intérêts. Vous êtes
par le droit de naissance le chef de la famille ;
soyez-le de son consentement. Vous avez sous
les yeux un sublime exemple....

» — Je vous entends (dit-il sans me laisser
achever) ; vous voulez faire de moi un père
constitutionnel : cette idée me sourit, et l'exécution m'en paraît d'autant plus facile, que mon
beau-père vient demeurer avec nous. C'est un
vieillard vénérable ; sa fille le craint et le res-
pecte : son grade de maréchal-de-camp et son
cordon rouge imposeront à mon fils.... J'ai ma
charte constitutionnelle en tête, ajouta – t – il
en se levant; nous aurons aussi *notre trente-un
mars* en famille ; je ne vous dis que cela. Adieu ,

mon cher Guillaume... ; vous aurez de mes nouvelles dans quelques jours... »

Effectivement, huit jours après je reçus une
invitation à dîner en style de chancellerie.
Le père de madame la baronne se trouvait chez
elle en grand uniforme. Desverrières avait ordonné que le dîner fût servi à cinq heures précises. Le commandeur désirait qu'on se mît à
table à trois heures, comme autrefois ; madame
et ses enfans ne voulaient pas dîner avant six.
Pour la première fois le maître de la maison se
fit obéir.

Le dîner fut triste. On parlait bas ; on mur-
murait ; on prévoyait un grand événement. Au
dessert, on renvoya les domestiques, et le baron
prit la parole :

« Nous voilà en famille, dit-il (car l'ami
Guillaume n'est pas un étranger pour nous) ; je
puis en toute liberté vous déclarer mes intentions désormais irrévocables. Il est tems de
mettre de l'ordre dans ma maison..... »

A ce mot, madame Desverrières crut entendre celui de tyrannie , et commençait un
discours véhément contre l'oppression. Un re-

gard de son père lui coupa la parole , et son
mari continua.

« Depuis vingt-deux ans je suis le seul qui
ne gouverne pas dans ma maison : excepté moi ,
tout le monde y a successivement commandé.
Pour commencer par vous , madame , vos goûts,
vos caprices dispendieux , dans les quinze premières années de notre mariage , ont été au moment d'amener notre ruine. A votre règne a
succédé celui de vos enfans , qui n'ont pas moins
abusé de ma faiblesse. Les goûts militaires de
votre fils aîné ont fait un camp de ma maison ,
où tous les officiers de son régiment sont admis.
Je n'ai pourtant pas le courage de regretter les
sacrifices que j'ai faits pour lui , en songeant à
la gloire qu'il s'est acquise dans nos armées , et
aux distinctions honorables qu'il a obtenues à
son début dans la carrière. »

A ces mots , Gustave retroussa fièrement sa
moustache naissante , et, regardant son père
d'un air assuré , il l'eût probablement interrompu, s'il n'eût jeté les yeux sur le cordon de
son grand-père , et sur la croix de Malte de son
oncle , qui le firent souvenir que les vertus dont

il était si fier ne commençaient pas à lui dans sa
famille.

« Je ne reproche point à ma fille, poursui-
vit M. Desverrières, des goûts de bals, de
fêtes, de toilette, qui sont de son âge ; mais
il faut savoir mesurer l'espace que les plaisirs
doivent occuper, dans la vie, entre les travaux
et les devoirs.

» L'inconstance de mon fils Adolphe ne lui
a pas encore permis de s'arrêter au choix d'un
état : tour-à-tour diplomate et financier, admi-
nistrateur et jurisconsulte, mathématicien et
homme de lettres, il est bon qu'il sache enfin
ce qu'il veut, et qu'il prenne rang dans la société, dont les plus grands ennemis sont les
gens qui ne tiennent à rien.

» Mon oncle a peut-être le tort d'oublier
trop souvent que les années qui se sont écoulées
pendant son absence ont vu naître dans sa
famille une génération nouvelle élevée sous
d'autres lois, dans d'autres principes, avec
d'autres habitudes que les siennes : il finira par
concevoir qu'il faut s'accommoder aux circonstances qui nous dominent, et se laisser aller
au tems qui nous entraîne.

» Maintenant , après m'être bien convaincu que rien ne détruit plus infailliblement l'autorité que la marche irrésolue d'un gouvernement qui va et revient sur ses pas , sans but et sans mesure , j'ai arrêté dans ma sagesse de régler ma maison d'après un pacte de famille calqué sur notre charte constitutionnelle :

» Je me réserve l'autorité suprême ; elle m'appartient de droit ; mais j'en veux tempérer l'exercice en la partageant à quelques égards avec les anciens de ma famille.

. » Ma femme y participera directement ; je lui communiquerai mes projets, elle en discutera l'utilité ; elle fixera les dépenses sur l'exposé de nos besoins et de nos revenus, bien entendu que le pouvoir d'exécution résidera en moi seul : ma femme représentera *la chambre des députés.*

» J'établis en outre une autorité intermédiaire entre elle et moi pour balancer nos droits respectifs. Mon beau-père et mon oncle composeront *la chambre des pairs* , et rien n'aura force de loi dans la maison qu'après avoir été sanctionné par eux.

» Je conserve à mon fils Gustave la pension que je lui fais pour le maintenir honorablement au service; il est l'honneur de la famille, il est juste qu'il en soit le mieux traité; mais il voudra bien se souvenir que la maison paternelle n'est point une caserne, et qu'il n'est plus en pays conquis.

» Adolphe est intelligent, actif, économe; je le charge de compter avec mes fermiers, de recevoir les revenus, de payer les dépenses : je veux voir en lui *mon premier ministre*. Sa sœur aura la surintendance et le département des menus-plaisirs.

» Vous avez tous entendu quelle est ma résolution; c'est à vous de voir s'il vous convient de vous y soumettre. »

Cette déclaration fut faite d'une voix si ferme, d'un ton si solennel, le grand-père et l'oncle y souscrivirent de si bonne grâce, que la mère et les enfans, après quelques objections auxquelles je fus autorisé à répondre, donnèrent leur pleine et entière adhésion à cette charte domestique, qu'on me chargea de rédiger séance tenante.

Depuis ce tems, la famille du baron Desverrières est un modèle de l'union la plus parfaite. L'ordre et l'économie règnent dans cette maison, et n'en excluent ni l'éclat, ni les plaisirs. Le chef de ce petit gouvernement donne l'exemple du respect le plus religieux pour la constitution qu'il a donnée à sa famille, et tous ses membres l'observent et la défendent avec d'autant plus de zèle, qu'ils y trouvent la garantie d'un bien-être qu'ils savent enfin apprécier.

Nº XXX. — 28 *janvier* 1814.

LE VENTRILOQUE.

—

Et erit quasi Pythonis de terrâ vox tua et de hume
eloquium tuum mussitavit.

ISAÏE, chap. XXIX.

Et sa voix sortira de dessous terre comme celle
de la Pythonisse.

« PAUL!.... j'ai beaucoup à travailler; je ne
reçois personne, entendez – vous bien ? personne absolument. »

Je donnais cet ordre jeudi dernier à mon
domestique en ruminant ma *charte constitution-*
nelle en famille, dont j'ai fait le sujet de mon dernier *Discours*. Je cherchais des idées à coups de
pincettes sur un tison qui n'en pouvait mais.....
Mon domestique rentre et me dit qu'il y a là
quelqu'un qui veut absolument me voir. Je persiste dans ma résolution, et, pour en être cru,

je signifie tout haut, moi-même, *que je n'y suis pas.*

Je me remets au travail; je retrouve le fil de mes pensées, et je souris complaisamment à la phrase que j'effacerai peut-être un moment après. Tout-à-coup (pour prende le ton d'un conteur d'aventures), des cris effrayans viennent frapper mon oreille; je sors de mon cabinet à la hâte; ma femme, ma fille, ma sœur couraient dans la maison comme des folles; je demande de quoi il s'agit; on ne me répond point, on se sauve: j'arrive dans la cour en robe de chambre et en pantoufles, et je me trouve au milieu d'une foule de voisins attirés par les cris de la cuisinière, pâle et tremblante, qui assurait qu'un homme venait d'être assassiné dans la cave et qu'il demandait du secours. Au milieu des cris de *fermez la porte! allez chercher la garde! courez chez le commissaire!* on entend, on distingue des gémissemens sourds qui sortent du soupirail; je me saisis d'une arme; je demande la clef de la cave, elle ne se trouve pas: « Qu'on enfonce la porte! » Mon domestique fait sauter la serrure, et, suivi de trois ou quatre hommes armés de ce qu'ils ont trouvé sous leurs

mains, et bien déterminés à assommer l'assassin sur la place, nous entrons dans la cave,
suffisamment éclairée pour y distinguer les
objets; nous marchons vers l'endroit d'où part
une voix plaintive qui s'éloigne à mesure que
nous approchons, et semble sortir des profon-
deurs de la terre. Une sorte de terreur succède à
l'émotion des assistans, et je ne sais de quel
sentiment j'aurais été agité moi-même, si l'objet
invisible de nos recherches ne se fût avisé de
nous demander des *messes* et des *prières*. Quelque partisan que je sois du dogme de l'immortalité des ames, je ne crois guère à celles qui
sortent du séjour des morts pour troubler le
repos des vivans. L'idée d'un revenant me fit
naître celle d'un *ventriloque*, et mes soupçons
s'arrêtèrent sur un jeune homme d'un extérieur
décent et d'une physionomie très-enjouée, qui
s'agitait beaucoup au milieu du désordre et de
la confusion générale. Je le regardai avec une
attention particulière, qui le décida à changer
le lieu de la scène, en faisant entendre sur le
haut du toit des éclats de rire immodérés qui
amenèrent le dénouement de cette comédie.

M. Comte se nomma, tout s'éclaircit; mais

les bonnes femmes, qui s'étaient mises en prières à la porte de la cave, ne voulurent point avoir le démenti du prodige dont elles avaient été témoins, et sortirent convaincues qu'il y avait quelque chose de *diabolique* dans une aventure qui, bien commentée par toutes les commères des environs, pourra, dans une cinquantaine d'années, valoir à la maison que j'habite la réputation d'être *hantée* par des *esprits*.

M. Comte, après m'avoir informé de l'objet de sa visite, m'apprit que, s'étant présenté chez moi le matin, et m'ayant entendu dire à moi-même *que je n'y étais pas*, il avait cru cette fois pouvoir se dispenser de m'en croire sur parole, et qu'il avait employé, pour s'assurer du fait, un stratagème qui lui avait toujours réussi.

Cet habile physicien, dont les talens et l'adresse excitent à Paris une curiosité si générale, est doué d'une faculté extraordinaire. Le rédacteur de la Gazette de santé (le docteur Montègre) en a dernièrement expliqué le phénomène dans un excellent article d'un journal qui se recommande également aux gens de l'art et aux gens du monde par les connaissances profondes de son auteur, par l'utilité des matières qu'il traite, et même par l'agrément qu'il sait répandre sur les objets qui en paraissent le moins susceptibles.

M. Comte est un des engastrimytes ou ven-triloques les plus extraordinaires qu'on ait en-tendus dans les tems modernes. Le privilége dont il jouit paraît, avoir été plus commun dans l'antiquité, et même d'une autre nature qu'il n'est aujourd'hui, à en juger par les recherches que le savant auteur de la *Gazette de Santé* a faites sur cette question physiologique. Les engastrimytes anciens étaient ventriloques dans la force du terme, c'est-à-dire que leur voix partait en effet du ventre, et se manifestait, ou du moins semblait se manifester au-dehors par les organes les plus étrangers à la parole. On ne se douterait jamais, à moins d'avoir lu Samuel, de quel aimable interprète le magicien *Ob* se servit pour faire au roi Saül le portrait du pro-phète.

Ce que les livres saints et les auteurs profanes nous ont appris de la Pythie de Delphes, de l'oracle de Dodone, de la Pythonisse d'Eudor et de la Sibylle de Cumes, ne permet pas de douter que les prêtres du paganisme n'aient su tirer

un parti très-avantageux du talent des engastrimytes. Deux hommes d'une grande réputation,
quoique différemment célèbres, Fontenelle et
dom Calmet, ont écrit sur cette matière : l'un
en philosophe prudent, qui ne laisse sortir
qu'une à une les *vérités dont il a les mains pleines*,
et l'autre en moine éclairé qui accrédite, il est
vrai, les erreurs dont il a besoin, mais qui fait
bonne guerre aux mensonges qui ne sont plus
bons à rien. Ce savant bénédictin, dans son
Traité des apparitions, des revenans, des vam-
pires, débite les contes les plus absurdes d'un
ton de persuasion qui donnerait envie de le
prendre pour un sot, si, dans ce même ouvrage,
l'abbé de Sénones ne faisait preuve d'un jugement sain, d'une logique très-serrée, et même
d'un esprit très-philosophique, en réfutant les
prétendus miracles rapportés par Lucien, Phi-
lostrate, Jamblique et quelques autres. Ce livre
de dom Calmet est plein de choses curieuses, et
je serais tenté d'en recommander la lecture à
M. Comte; il pourrait y puiser l'idée d'une foule
de tours qui serviraient à renouveler son répertoire.

M. Comte est né dans le seul tems et peut-être dans le seul pays où son talent ne puisse recevoir aucune application sérieuse. Quel succès n'eût-il pas obtenu, il y a quelque vingtaine de siècles, dans la caverne de Delphes à la place du chevrier Coréas? Quelle vogue n'eût-il pas donnée à cette jolie Sibylle d'Erytrée, qui chantait ses oracles avec le plus singulier contre-alto qu'on ait jamais entendu? Il aurait fait merveille dans la grotte prophétique des Siamois, et pourrait encore aujourd'hui même servir de compère au grand marabout, au moment où il consulte la fétiche.

Tout porte à croire que le fantôme qui apparut à Charles VI dans la forêt du Mans, et qui troubla pour jamais sa raison, n'était qu'un imposteur ventriloque dont le funeste talent fut la source de longs malheurs auxquels la France fut au moment de succomber. C'est le sentiment de l'abbé de la Chapelle, qui publia en 1772 un volume sur les *ventriloques*, lequel n'est, à proprement parler, qu'un recueil d'historiettes et de tours d'escamotage. Un traité sur cette propriété organique, dont aucun homme de l'art ne s'était encore occupé, devait être l'ouvrage d'un habile anatomiste et d'un savant observateur. Personne

ne se plaindra que M. de Montègre s'en soit
chargé.

M. Comte, qu'on eût brûlé il y a deux cents
ans, par la même occasion que la maréchale
d'Ancre, est aujourd'hui recherché, fêté dans
cette même ville, où l'on se dispute le plaisir de
le voir et de l'entendre. Depuis qu'il a eu
l'honneur de paraître aux Tuileries devant le
Roi, c'est à qui obtiendra de lui une de ces
soirées pour lesquelles on est obligé de se faire
inscrire un mois d'avance. M. Comte est sur le
chemin de la fortune ; il a la vogue. Ce qu'il y
a de particulier dans la réputation qu'il s'est
faite, c'est la marche inverse qu'elle a suivie :
au lieu de s'étendre, comme toutes les autres,
de la capitale aux provinces, celle-ci est arrivée
des provinces à la capitale.

Je me rappelle avoir vu à Paris ce célèbre
ventriloque, il y a cinq ou six ans, dans la salle
de la rue de Thionville, où il donnait ses séances ;
mais soit que l'heure de la vogue n'eût pas encore sonné pour lui, soit qu'il ait été mal servi
par les trompettes journalières de la renommée,
ses succès se confondirent avec ceux des Thiemet,
des Fitz-James et des Borel, dont les talens

étaient loin d'égaler les siens. En attendant le
moment de la justice , que le mérite attend quelquefois toute sa vie , M. Comte parcourut les
provinces et les pays voisins, où il parvint, à ses
risques et périls, à se faire une réputation éclatante.

Il fait parler Marguerite d'Autriche dans
l'église de Bron, que cette princesse a fondée. A
Tours , il fait enfoncer quatre portes pour arriver jusqu'à un malheureux mourant de faim, que
l'on croit enfermé dans une boutique où le ventriloque avait jeté sa voix ; il épouvante à Reims
tous les habitans du quartier de l'église Saint-
Nicolas en faisant parler les morts. A Nevers ,
il renouvelle le prodige de l'ânesse de Balaam,
en communiquant la parole à un baudet fatigué
de porter son maître. Une autre fois , pendant la
nuit, il porte la terreur dans une diligence :
plusieurs voix se font entendre aux portières ;
on demande la bourse ou la vie : les voyageurs
effrayés s'empressent de remettre leurs bourses ,
leurs montres à M. Comte, qui se charge de traiter
avec les voleurs : la bande satisfaite paraît s'éloigner. Les voyageurs se félicitent d'en être quittes

à si bon marché, et le lendemain, à leur plus grande satisfaction, le ventriloque remet à chacun l'offrande qu'il a faite à la peur, et leur revèle le talent dont ils ont été dupes, et dont il faillit lui-même être victime en Suisse. Les paysans de Fribourg le prirent pour un sorcier, l'assaillirent à coups de hache, et s'apprêtaient à le jeter dans un four allumé, s'il ne fût parvenu à effrayer ces paysans fanatiques en faisant sortir de la bouche du four une voix terrible qui répandit la terreur au milieu d'eux.

Plus d'une fois M. Comte s'est servi du talent qu'il possède pour guérir des esprits malades qui se croyaient possédés du démon. J'ai entendu rapporter le fait suivant par un témoin oculaire : M. Comte se trouvait dans une église ornée de statues précieuses, que les dévastateurs révolutionnaires se disposaient à piller ; au moment où plusieurs d'entre eux levaient le marteau sacrilége sur les monumens des arts, les statues parlent et reprochent à ces bandits leur impiété ; saisie d'effroi, la bande de Vandales fuit et se disperse, en jetant au milieu de l'église le butin dont elle était chargée.

M. Comte est revenu à Paris précédé d'une

réputation brillante ; tous les journaux des provinces qu'il a parcourues l'ont célébré à l'envi , et les muses de Grenoble ont chanté ses louanges.

Ce n'est plus aujourd'hui ce ventriloque obscur , ce rival des Préjean et des Borel , qui donnait ses modestes *récréations* dans un local bourgeois , devant des spectateurs plébéiens ; c'est un professeur de physique amusante , recherché des personnages les plus illustres , et remarquable par une variété de talens dont la réunion ne s'est encore rencontrée chez aucun homme de sa profession.

L'intérêt et l'amour-propre des personnes chez lesquelles il est appelé ne sont pas étrangers à ses succès. Les réunions dont il est l'objet offrent une occasion de rassembler les gens dont on a besoin , et qu'aucune autre circonstance ne pourrait amener chez vous : on prend son tems pour recommander un protégé ou pour se recommander soi-même. Combien de gens en place accordent , dans une soirée de plaisir , ce qu'ils auraient ou ce qu'ils ont déjà refusé dans une audience ! M. Comte , au nombre des tours qu'il a faits , ne compte probablement pas cinq ou six places d'inspecteur des droits — réunis , quelques douzaines de croix d'honneur, une ou deux préfectures et autant de fauteuils aca-démiques, qu'il a peut-être déjà *escamotés à son insu.*

Je m'aperçois en achevant ce Dicours que j'ai oublié de dire pourquoi M. Comte était venu chez moi ; mais il est probable qu'en me lisant mes lecteurs l'auront deviné.

Commissaire
de
Police

assignation

A. Desenne del.

Coupé sculp.

LA MATINÉE D'UN COMMISSAIRE.

Pluris est oculatus unus quàm auriti decem.
PLAUT., *Viol.* act. II.

Un seul témoin qui a vu est plus croyable que dix
autres qui n'ont fait qu'entendre.

Il est fâcheux qu'on n'ait jamais songé à faire
un Recueil des querelles domestiques, des contestations bourgeoises qui tiennent tant de place
dans les annales d'une grande ville : on aurait
fini par y trouver l'histoire entière des mœurs
de la nation.

Les causes qui se plaident au Palais se ressemblent toutes : questions d'état, nullité de
testamens, validité d'actes, contestations de
droits civils ; c'est presque toujours le même
fonds reproduit avec de nouvelles circonstances,
et tout au plus sous de nouvelles formes : le mi-

nistère de l'avocat atténue encore l'intérêt de
la cause. La faconde salariée de *ces vendeurs de
paroles* (comme les appelait Mirabeau) tourne
invariablement dans un même cercle , dont la
vérité est rarement le pivot , et dont leur
amour-propre est toujours le mobile.

Parlez-moi du tribunal impromptu d'un commissaire de police , où les parties sont en présence , où chacune plaide sa propre cause avec
l'éloquence de l'intérêt personnel et toute la
chaleur d'un premier mouvement. C'est là que
le son de la voix , le langage du geste , l'expression de la physionomie déposent avec fidélité ;
que le juge peut interroger le regard qui dément
ou confirme la déposition de la bouche ; c'est là
que la justice sans déni se rend sans appel , sans
formes et sans délais , comme la rendait saint
Louis au pied de l'arbre de Vincennes , et comme
la rendent encore le dey d'Alger , le bey de Tunis
et le roi de Madagascar ; ce qui ne prouve rien
autre chose, sinon que les extrêmes se touchent,
en politique comme en morale , par un point
qu'on appelle excès.

La compétence du tribunal d'un commissaire
de police est très-limitée ; mais sa juridiction

est très-étendue : elle embrasse toutes les classes de citoyens ; et, chose assez remarquable, on ne réclame presque jamais contre les décisions qui en émanent. Je crois en avoir trouvé la raison dans la manière expéditive dont les affaires s'y traitent, et dans la célérité des jugemens qu'on y porte. Il faut du tems pour endoctriner un avocat, pour suborner des témoins, pour sé-duire un juge : ici, l'action parle, les faits sont en quelque sorte présens, et l'arbitre prononce moins sur ce qu'il apprend que sur ce qu'il voit.

Je ne conçois guère, quelque bon droit qu'on puisse avoir, qu'on se décide à plaider : il me semble que le plaisir de se faire rendre justice n'équivaut jamais à la peine de la demander et à l'incertitude de l'obtenir. Il est probable que beaucoup de gens qui spéculent sur cette apa-thie assez commune se sont fait une étude par-ticulière des épreuves qu'elle peut subir, et qu'ils savent jusqu'à quel point les hommes sans caractère peuvent être dupes sans avoir le cou-rage ou la volonté de s'en plaindre.

Je mets au premier rang de ces spéculateurs les cochers de fiacre : personne n'a une mesure plus exacte de la patience humaine, et ne s'en-

tend mieux à tirer parti de l'indolence des Parisiens. Je suis convaincu, pour ma part,
d'avoir été depuis vingt-cinq ans trois ou quatre
cents fois victime de leurs petites vexations, et,
toujours au moment de les conduire chez le
commissaire de police, de n'avoir jamais eu la
force d'effectuer ma menace. La justice et la
colère n'avaient pu jusqu'ici vaincre ma paresse; ce triomphe était réservé à mon amour-
propre.

Avant-hier, à dix heures du matin, il pleuvait
à verse ; j'avais une visite à faire, et j'étais en bas
de soie blancs ; et je ne pouvais me dispenser de
prendre une voiture. On a comparé avec autant
de justesse que d'esprit les cochers de fiacre
aux amis du jour, qui vous offrent leurs services quand il fait beau, qui se font prier quand
le tems se met à la pluie, et que vous ne trouvez
jamais pendant l'orage. Il y avait encore une
voiture sur la place : j'y monte, et je dis au
cocher de me conduire à l'Observatoire ; la
course est longue ; il prétend que ses chevaux
sont fatigués ; mais je connais cette tactique, et,
pour lui ôter toute excuse, je le prends à l'heure.
Il me répond, en tournant la tête de ses che-

vaux, *qu'il n'est pas sur la place*, et qu'il ne mar-
chera pas ; je me fâche, il jure ; vingt personnes
s'attroupent et prennent parti pour ou contre
le cocher ; j'aurais probablement cédé si nous
eussions été tête-à-tête, mais on en *vaut mieux* ou
moins *lorsqu'on est regardé*, et cette fois je crois
mon amour-propre intéressé à montrer du caractère : j'invoque le réglement, et j'exige que
le cocher me conduise à l'Observatoire ou chez
le commissaire de police ; le drôle descend de
son siége, me rit au nez et entre dans un cabaret
voisin. La colère s'empare de moi : je veux sortir
de la voiture avec trop de précipitation ; mon
pied glisse sur le marche-pied, et, pour éviter de
tomber, je saute dans le ruisseau, où je m'écla-
bousse de manière à ce qu'on ne puisse deviner
de quelle couleur ont été mes bas. La foule, qui
s'était groissie pendant la dispute, riait aux
éclats de ma déconvenue ; qu'avais-je encore à
ménager ? Je prends un parti héroïque, je monte
sur le siége, je fouette les chevaux, et, sans
égard aux cris du cocher, je le force à me suivre
à pied chez le commissaire du quartier, où nous
arrivons presque en même tems. Je consigne sa
voiture à la porte, et nous entrons tous deux

dans une salle où vingt personnes, arrivées avant moi, continuaient à se disputer, et criaient toutes à-la-fois en attendant le commissaire, qui était allé dresser un procès-verbal d'effraction dans une maison voisine. Quelques soldats sans armes maintenaient l'ordre dans l'assemblée, tandis qu'un petit clerc, d'un air négligent et capable, enregistrait les plaintes en lisant un journal.

Le commissaire arrive, traverse la foule qui se presse autour de lui, et va se placer gravement à la table boiteuse qui lui sert de bureau. Après avoir promené sur les assistans un regard scrutateur, il prend des mains de son clerc la liste des plaignans, et rédige quelques notes en marge avant d'appeler les causes.

J'aurais beaucoup regretté le tems que j'avais perdu, et celui qui me restait à perdre, si je ne me fusse avisé de tirer parti de ma position, et d'examiner assez attentivement les objets que j'avais sous les yeux, pour y trouver le texte et les détails de mon prochain *Discours*.

Le commissaire de police chez lequel je me trouvais est un gros homme d'une assez belle figure, sur la tête duquel une couche épaisse de poudre dessine avec beaucoup d'art la place des cheveux qui n'y sont plus ; il a l'œil vif, l'oreille fine, et tout annonce en lui un homme dont l'expérience s'est formée dans les emplois subordonnés à la place qu'il occupe aujourd'hui. Une grande habitude lui tient lieu d'une grande sagacité ; il a l'air d'écouter ce qu'il regarde, et d'entendre ce qu'il voit : son jugement ne paraît être que de l'instinct.

Le premier quidam amené devant lui avait été arrêté par la patrouille à trois heures du matin, dans la rue Vivienne, à la porte d'un bijoutier dont il examinait de trop près la serrure ; son affaire fut expédiée en un moment : le commissaire, qui le reconnut, donna aux soldats qui l'avaient amené l'ordre de le conduire à la préfecture de police, d'où il devait partir une heure après pour être réintégré à Bicêtre, son domicile habituel.

Un portier et une jeune femme se présentent ensuite : la dame se plaint que le portier a refusé, pendant la nuit, de lui ouvrir la porte de la maison où elle loge : le portier déclare que la *maison est honnête*, et qu'il a ordre du propriétaire de ne pas tirer le cordon après minuit.

La jeune dame rit aux éclats : « Autant vaudrait, dit-elle, aller se loger au Marais; elle veut pouvoir sortir de chez elle et y rentrer quand il lui plaît; et, comme elle n'habite cette maison que depuis deux jours, elle demande qu'on l'autorise à déménager au demi-terme. » Le commissaire n'y voit pas de difficulté; mais il exige que jusque-là cette dame se conforme à l'usage établi dans la maison. « Soit, reprit-elle en sortant, je rentrerai à minuit comme une religieuse, et nous verrons ce que cette vieille tête y gagnera. »

Un homme fort bien mis, mais non pas proprement vêtu, venait de rendre plainte comme *Jeannot*, et pour un accident de même nature, qui lui était arrivé la veille, au coin de la rue d'Amboise. Il avait voulu conserver le *statu quo*, pour donner plus de poids à sa déclaration. La femme qu'il avait citée prouva que ce jour-là elle était absente de Paris, et demanda une indemnité de dix francs pour la journée qu'on lui avait fait perdre; elle lui fut allouée, et le plaignant sortit d'assez mauvaise humeur, convaincu, à ses dépens, *que les battus paient souvent l'amende.*

C'était le tour d'un jeune homme très-élégant et d'une figure fort agréable, amené par deux soldats du guet, qui l'avaient arrêté sur la dénonciation d'une vieille servante, dans l'escalier d'une cave où il paraissait avoir eu l'intention de se cacher. Le jeune homme répondait en souriant aux questions du commissaire, et celui-ci l'interrogeait en homme qui ne se méprenait pas sur la nature du délit.

« J'étais allé souper hier soir, disait le jeune accusé, chez un homme respectable de mes amis qui devait partir cette nuit même pour un voyage de quelques jours; sa femme, douée d'une sensibilité exquise, s'était presque trouvée mal au moment où elle avait entendu les chevaux de poste entrer dans la cour de l'hôtel, et je m'étais retiré tout ému de la scène des adieux dont j'avais été témoin. Je ne sais par quelle distraction, au lieu de descendre par le grand escalier, j'avais suivi un corridor obscur qui aboutit à un escalier dérobé dont je ne connaissais pas l'issue, et que je descendais à tâtons: je me trouvais en effet dans la cave, lorsqu'une vieille femme qui m'aperçut ferma la porte sur moi, en criant au voleur. J'ai mieux aimé me laisser con-

duire au corps-de-garde, où j'ai passé la nuit,
que de faire un esclandre dans une maison respectable, dont la maîtresse, instruite par moi,
ne tardera pas sans doute à venir me réclamer. »

Le jeune homme parlait encore, qu'une dame
d'une taille imposante, et d'une beauté qui gagnait peut-être quelque chose au grand voile
de dentelle dont sa figure était couverte, entra
suivie de deux laquais en livrée, et vint réclamer le jeune homme, qu'elle appela son cousin
(circonstance que celui-ci avait oubliée dans sa
narration). Elle parla bas au commissaire, qui
répondit par cette observation pleine de sens :
« Je conçois fort bien, madame ; mais, à l'a-
venir, à votre place, je ferais reconnaître mon
cousin par mes gens. » La dame se confondit tout
haut en excuses auprès de son jeune parent, dont
elle prit le bras en sortant, et qui l'accompagna
jusqu'à sa voiture, où il ne monta pas avec elle.

Vinrent ensuite deux écoliers de quinze ou
seize ans, arrêtés pour avoir cassé des lan-
ternes en sortant du bal. Cette espiéglerie très-
coupable aurait eu des suites plus graves, si
leurs parens ne se fussent empressés de venir
payer le dommage causé par leurs enfans, et

n'eussent répondu de leur conduite à l'avenir.

Le commissaire fit comparaître un cabaleur pris la veille en flagrant délit dans le parterre d'un de nos grands théâtres. Il fut prouvé que cet homme avait *l'entreprise des chutes*, et qu'il avait été payé, par un auteur ennemi de celui dont on jouait l'ouvrage, pour faire tomber sa pièce. Les mesures avaient été mal prises : les *siffleurs* à gage, dont il était le chef, et qui se trouvaient en grande minorité, furent mis à la porte. Seul, il voulut faire tête à l'orage. Le public le signala comme instigateur du désordre, et il fut arrêté muni d'un sifflet mécanique, pour lequel il sollicite un brevet d'invention. Chacun reçut son châtiment : le nom de celui qui avait payé ces honteux services fut livré au mépris de l'assemblée, et l'entrée des spectacles fut interdite pendant six mois à son agent.

A l'entrepreneur des chutes dramatiques succéda un brillant étourdi dont le cabriolet avait renversé un homme au coin du boulevart, et qui se plaignait, en grasseyant, qu'on lui fît manquer un rendez-vous de la plus grande importance. « A-t-il la jambe cassée ? disait-il, eh bien ! qu'on l'estime, et je la lui payerai ;

mais, pour Dieu, dépêchons. » Cette insolente
fatuité révolta l'auditoire; et il est probable
qu'un jugement correctionnel en aurait fait justice, s'il n'eût pas été prouvé que l'homme
renversé par le cabriolet spéculait sur ces accidens, dont il se faisait un revenu fort honnête.
C'était pour la douzième fois, depuis deux ans,
qu'il éprouvait le même malheur; mais une
circonstance qui ne devait pas échapper à la
sagacité du commissaire, c'est que cet homme
n'avait jamais été renversé qu'en plein jour, et
par les voitures de maître les plus élégantes.
En lui permettant d'accepter un louis du propriétaire du cabriolet, le commissaire lui déclara qu'il n'aurait de recours, à l'avenir, pour
de pareils accidens, que contre les voitures de
place.

Mon tour arriva. J'avais attendu deux grandes
heures; mais j'avais trouvé le moyen d'employer
mon tems, et ma colère était dissipée. J'ex-
posai mes raisons avec plus de calme que le commissaire ne les entendit. La voiture fut mise en
fourrière, et le cocher eût été envoyé en prison, si je n'eusse intercédé en sa faveur. Il me
témoigna tant de regret de sa faute, et me fit

une peinture si triste de sa femme et de ses trois
enfans, qui n'avaient pour vivre que le produit
d'une journée qu'il allait perdre, que je me crus
obligé de lui payer le mal qu'il m'avait fait plus
généreusement que je n'eusse payé ses services.
Je donnai pour boire à quelques ouvriers qui
m'avaient suivi pour me servir de témoins, et
chacun se retira convaincu, comme moi, qu'il
avait coopéré à un grand acte de justice, dont
l'exemple ne corrigera que celui qui le donne.

~~~~~~

N° XXXII. — 11 *février* 1815.

~~~~~~

LE CAUCHEMAR.

——

Le vrai peut quelquefois n'être pas vraisemblable.
BOIL., *Art. Poét.*

QUELQUE sceptique que l'on puisse être, on est forcé de convenir qu'il y a des choses que la raison ne peut expliquer, et auxquelles l'imagination la plus active ne peut atteindre par le secours des sens; il semble qu'il faille quelque chose de sur-humain pour nous en faire naître l'idée, et que cette connaissance ne puisse être acquise que par une sorte de révélation qui arrive à notre esprit sans avoir passé par l'intermédiaire d'aucun organe matériel.

Olaüs Magnus, dans sa savante histoire des peuples du Nord (*historia de Gentibus Septentrionalibus*), rapporte, avec toute la naïveté et toute la crédulité de Plutarque, que les La-

pons, lorsqu'ils veulent connaître ce qui se passe
loin des lieux où ils se trouvent, envoient à la
découverte le démon qui leur est familier, et
qu'après s'être exalté l'imagination au son des
tambours et de certains instrumens de musique,
ils éprouvent une sorte d'ivresse, pendant laquelle des choses dont ils n'eussent jamais eu
connaissance dans leur état naturel leur sont su-
bitement révélées.

Socrate et Jérôme Cardan (qui n'ont que cela
de commun ensemble) avaient, ainsi que les
Lapons, un démon familier à leurs ordres. Cardan nous donne sur le sien, dans son ouvrage
de Varietate Rerum, des détails qu'il ne tient
qu'à nous de croire. Il prétend qu'il tombe à volonté dans une extase qui le rend insensible à
toute espèce de douleur physique, et le met en
rapport avec un autre ordre de choses. « Quand
je veux *m'extasier*, dit-il, je sens autour de
mon cœur comme une séparation de mon ame,
qui se communique, comme par une petite porte,
à toute la machine, et principalement à la tête
et au cervelet ; alors je sens que je suis hors de
moi-même. »

Cette faculté dont jouissait Cardan ressemble

beaucoup au *somnambulisme* de l'abbé Faria, lequel n'est rien autre chose que la *seconde vue* des
Ecossais. Je me souviens que l'année dernière,
au coin d'un grand foyer de château, autour
duquel nous faisions des contes à la manière de
ce *bon vieux tems* (dont le ciel nous préserve),
un professeur émérite de l'université d'Oxford
m'expliqua fort au long en quoi consistait
cette *seconde vue*, apanage particulier des mon-
tagnards de son pays, et particulièrement des
hommes de sa famille. Je n'ai pas trop compris
l'explication psychologique qu'il m'en a donnée
dans un langage d'adepte, dont chaque mot
aurait exigé une définition nouvelle ; mais je
me rappelle un des nombreux exemples qu'il
m'a cités à l'appui de sa merveilleuse doc-
trine. Je vais le rapporter ici, comme précaution oratoire.

« J'appartiens, comme vous le savez (c'est
le docteur qui parle), à l'une des plus anciennes
familles de la vieille Calédonie : un de mes
aïeux avait péri sur l'échafaud dans les troubles
dont l'Ecosse a été si long-tems le théâtre, et
les papiers de notre maison (sur lesquels reposaient des droits incontestables à une fortune

immense et à la pairie du royaume pour le chef
de la branche aînée de notre famille) étaient
perdus depuis près de deux siècles. Toutes les recherches qu'on avait pu faire de père en fils,
dans un pareil laps de tems, avaient été infruc-
tueuses, et dès long-tems nous avions perdu
l'espoir de recouvrer ces précieux titres; un soir
d'hiver, au mois de décembre 1737, mon aïeul
était seul avec mon père dans une petite maison
qu'ils occupaient dans un des faubourgs de
Londres; à la suite d'un accès de goutte qui le
retenait depuis plusieurs mois dans son fauteuil,
il fut pris d'un de ces engourdissemens par lesquels s'annonce la *seconde vue*. En sortant de
cette léthargie, qui dura douze heures, mon
aïeul fit appeler son fils :

« Nos titres sont retrouvés, lui dit-il, et
avec eux notre état et notre fortune. Asseyez-
vous, Arthur, et, sans m'interrompre, écrivez
les instructions que je vais vous donner, et que
vous suivrez de point en point.

» Demain, mon fils sortira d'ici à sept heures
précises; il se rendra sur le pont de Westminster; il y trouvera un très-gros homme, à perruque de laine, vêtu d'un habit brun à boutons

d'ivoire ; mon fils abordera cet inconnu, après
avoir relevé son chapeau que le vent aura emporté ; et, en le lui rendant avec politesse, il lui
demandera une place dans sa cariole, pour se
rendre avec lui au bourg d'Epping. L'inconnu
accueillera cette proposition. Arrivé dans ce
village, la cariole s'arrêtera devant une grande
maison en brique, vers le milieu de la principale rue d'Epping. Le propriétaire de cette maison, avec qui mon fils aura fait le voyage, l'in-
vitera sans doute à dîner ; Arthur acceptera :
vers la fin du dîner, quand la fermière et ses
filles auront quitté la table, mon fils priera son
hôte de le conduire dans un vaste grenier, au-
dessus d'une grange attenant à la grande étable.
Le fermier paraîtra surpris de cette demande ;
mais Arthur ne doit répondre pour le moment
à aucune des questions qu'il pourra lui faire. Le
fermier cherchera long-tems la clef du grenier ;
Arthur ira la prendre sur la tablette qui se trouvera au-dessus du lit du premier garçon de
ferme. Sous un énorme tas de vieux harnois,
d'outils de labourage, dont ce grenier est rem-
pli, Arthur découvrira un coffre cerclé en fer
et garni de cloux à tête de cuivre ; avec le con-

sentement du propriétaire, il fera sauter le ca-
denas qui ferme ce coffre, et, dans ce coffre, il
trouvera tous les papiers de notre maison, dont
il fera dresser procès-verbal par le juge de paix
du canton ».

» Mon père, continua le docteur, exécuta
de point en point les ordres qu'il avait reçus du
sien ; il rencontra sur le pont de Westminster
le fermier d'Epping, fit route avec lui, et trouva
dans sa maison, à l'heure, au lieu et de la manière indiquée, les papiers de famille dont
l'existence avait été révélée à mon grand-père
dans cette vision intuitive que nous appelons
seconde vue. »

Je ne cacherai pas à mes lecteurs que je me
suis un peu moqué de l'histoire que je viens de
leur faire sous la dictée de mon noble Ecossais,
et que toutes les preuves dont il essaya de l'ap-
puyer n'avaient pu vaincre mon incrédulité ;
mais s'il est facile de nier ce qu'un autre vous
raconte, comment refuser de croire ce qu'on a
vu soi-même ?

Depuis mon enfance je suis sujet à une espèce
de cauchemar dont les résultats, souvent assez
extraordinaires, n'avaient été jusqu'ici, pour

moi , l'objet d'aucune observation. J'avais seulement remarqué que l'extase pénible où il me
plonge est presque toujours la suite d'une forte
contention d'esprit , d'un travail prolongé au-
delà des bornes de l'attention dont je suis sus-
ceptible , et qu'il participait de la nature des
objets dont je m'étais long-tems occupé.

Un événement récent , d'assez peu d'importance en lui-même , mais qui se rattache aux
grands intérêts politiques du nouvel ordre social,
m'avait conduit insensiblement à l'examen de
cette question : le rétablissement des ordres religieux pourrait-il s'effectuer en France ? et,
supposé qu'il fût possible , n'entraînerait-il pas
indispensablement la ruine de la monarchie
constitutionnelle ? Je m'échauffai sur cette idée
au point de me créer des fantômes, et de croire
à l'existence d'un synode mystérieux qui poursuit en France le grand œuvre de la régénération monacale. Ma tête s'exalta; un léger accès
de fièvre s'empara de mes sens; je me couchai
de bonne heure ; et, les yeux ouverts, dans un
état qui tenait de la veille et du sommeil , je fus
pris d'un violent cauchemar, pendant lequel

j'eus une vision dont je n'ai pas oublié le moindre détail.

Je me trouvais, ou du moins je croyais me trouver sur les hauteurs de Charonne, à la chute du jour. En traversant la rue de........., en face d'une vaste masure, j'entendis quelques gémissemens qui venaient à mon oreille, à travers ce bruit vague et sourd que produit au loin le tumulte d'une grande ville. Je crus distinguer le lieu d'où partaient les plaintes ; je frappai ; on n'ouvrit pas. Le tems avait fait brêche dans un mur de clôture ; je m'aidai pour le franchir des débris amoncelés du côté de la rue, et, toujours guidé par les sons plaintifs qui avaient d'abord fixé mon attention, je traversai une cour que l'herbe avait à-peu-près couverte. J'arrivai, sans rencontrer personne, à l'entrée d'un vieux bâtiment en ruine, où j'entrai par un long corridor en arceaux, à peine éclairé par la faible lueur d'une lampe suspendue à l'autre extrémité.

Parvenu au bout de ce long corridor, je distinguai la voix gémissante de plusieurs jeunes filles, et, dans ces accens modulés par la douleur, je crus découvrir la nature du supplice ou

du châtiment qui les leur arrachait. En cherchant un moyen d'arriver jusqu'à elles , je dé-
couvris une fenêtre , et je parvins à m'élever à
la hauteur d'un vitrage délabré à travers lequel
je vis , avec autant de surprise que d'indignation,
ce qui se passait dans l'intérieur de ce triste réduit. Un vieillard pâle et décharné , à genoux
sur un prie-dieu exhaussé de quelques marches ,
récitait des prières à haute voix , tandis que six
jeunes filles , nues jusqu'à la ceinture , dont la
plus âgée pouvait avoir 16 ans , se frappaient le
corps avec la discipline dont chacune d'elles
était armée. Le vieillard interrompait de tems en
tems ses prières pour exciter leur zèle et gour-
mander la faiblesse de celles en qui la ferveur
semblait se ralentir. Je crois devoir passer sous
silence les choses mystérieuses dont je fus encore témoin , et auxquelles je mis un terme en
jetant , par ma présence , l'effroi dans l'assemblée.

La porte s'ouvrit ; le directeur de cette maison se hâta de dérober à mes yeux ses victimes,
mais il ne put empêcher qu'une d'elles ne vînt
se jeter à mes pieds , et ne me révélât la nature,
le but et les moyens de cette étrange association.

L'émotion violente que le récit de cette jeune fille me fit éprouver, l'audace et le sang-froid que déploya le saint homme dans l'explication que nous eûmes ensemble, excitèrent en moi un accès de fureur qui me fit sauter hors de mon lit, et je m'éveillai.

Le lendemain, je retrouvai dans mes souvenirs une impression si fraîche, si profonde des objets que j'avais eus sous les yeux pendant la nuit, que je ne pus résister à l'espèce de superstition qui me portait à chercher quelque réalité dans un songe. J'avais encore présens à la pensée le lieu, les circonstances, les figures et jusqu'au nom des personnages que j'avais vus en rêve; je me transportai lundi matin dans cette rue de..., dont auparavant je ne soupçonnais même pas l'existence. Je reconnus la maison avant d'avoir jeté les yeux sur le numéro dont j'avais conservé le souvenir. Qu'on juge de ma surprise en retrouvant aussi la brèche par où j'étais entré dans mon songe! Je ne jugeai pas à propos, comme on l'imagine bien, de m'introduire par la même voie : *je sonnai ; on fut long-tems à m'ouvrir; une femme en habit de religieuse, et d'une figure qui n'honorait pas l'habit qu'elle portait, m'introduisit de très-*

mauvaise grâce dans l'intérieur de cette espèce de cloître, où je retrouvai successivement toutes les traces que mon imagination y avait pour ainsi dire imprimées. Ne pouvant obtenir aucun renseignement de la sœur qui me servait de guide, j'exigeai qu'elle me fît parler à la supérieure, ou du moins à la directrice de cette maison.

Elle me conduisit avec une inquiétude visible à travers ce long corridor que j'avais déjà parcouru en idée. Aux questions que je lui fis sur l'usage de cette salle noire devant laquelle nous passions, et dont la croisée frappa mes regards, elle se contenta de me répondre que c'était le parloir. Il en sortit une petite fille que l'on déroba promptement à ma vue. Je montai au second, et l'on me fit entrer dans une chambre où je vis, avec un étonnement dont je ne fus pas le maître de comprimer l'expression, un homme dont les traits me rappelaient ceux du vieillard dont j'avais l'esprit frappé.

Il me sembla encore que ma visite lui causait une émotion d'autant plus vive, que je paraissais instruit des choses dont je venais m'informer ; et, dans la crainte de m'abandonner aux soupçons que je semblais avoir conçus, il prit le parti de m'apprendre ce qu'il ne se croyait plus le maître de me laisser ignorer.

Il avait fondé dans ce lieu une maison d'éducation de jeunes filles destinées à l'état religieux. Cette communauté, dont il était le *directeur*, appartenait à l'ordre de Saint-François ; la règle n'en était pas plus austère que celle des autres maisons du même ordre. Je me permis dans mon rêve de lui faire observer qu'il était au moins extraordinaire qu'un homme se trouvât à la tête d'une communauté de femmes, et que je ne connaissais aucun exemple orthodoxe de la prérogative qu'il s'attribuait. Cet homme, les yeux constamment baissés pendant tout le tems que je passai près de lui, me répondit qu'il ne devait compte de sa conduite qu'à ses supérieurs. J'insistai vainement pour visiter la maison, pour en connaître le régime intérieur, l'autorité dont elle relevait, le nombre et l'espèce de pensionnaires qui s'y trouvaient renfermées : il persista dans ses refus ; et, le bruit d'une cloche s'étant fait entendre, il me pria de me retirer d'un ton suppliant où la douceur affectée laissait percer l'impatience.

J'ai dit ce que j'ai rêvé, j'ai dit ce que j'ai cru voir, et il en est résulté une telle confusion d'idées, que je ne saurais affirmer où commence la vérité, ni où finit le mensonge.

LES VISITES DU MATIN.

—

> Compagnes d'un époux et reines en tous lieux ,
> Libres sans déshonneur et sages sans contrainte,
> Et ne devant jamais leurs vertus à leur crainte.
>
> Voltaire, *Zaïre.*

S'il y a beaucoup de manières d'employer
son tems, il y en a plus encore de le perdre.
Depuis le plus grand travailleur jusqu'au fai-
néant le plus déterminé, chacun n'a que vingt-
quatre heures à dépenser par jour. De l'emploi
qu'on en fait résulte, en grande partie, la différence qu'on observe entre les hommes. « La
vie (dit quelque part Sénèque) est comme un
drame; ce n'est pas sa longueur, mais sa conduite qui nous importe; il n'est pas question de
savoir où et quand vous finirez; finissez où vous
voudrez, quand vous voudrez, pourvu que l'ac-

tion soit intéressante et que le dénouement soit bon. »

Au nombre des moyens de perdre son tems, il ne faut pas oublier de compter la lecture des livres qui traitent de son emploi. L'usage que l'on en fait tient sur-tout aux habitudes que l'on contracte : celle du désœuvrement est la plus difficile à vaincre , parce qu'elle vous en ôte la force , lors même qu'elle vous en laisse la volonté. Franklin a fort heureusement exprimé cette pensée , lorsqu'il a dit que « *l'oisiveté ressemblait à la rouille , et qu'elle usait plus que le travail.* »

L'oisiveté , plus commune chez les femmes , est plus entière chez les hommes ; les uns *tuent* le tems , les autres le *passent ;* les hommes désœuvrés ne font rien ; les femmes désœuvrées font des riens , ce qui est encore quelque chose. Celles-ci ont imaginé pour cela des *passe-tems* qui se varient à l'infini , selon leurs goûts , leurs habitudes , leur fortune ou leurs caprices. Une grande partie de ce qu'on est convenu d'appeler la science du monde consiste, à Paris, à savoir prendre le tems des femmes, dont elles vous font d'autant moins bon marché qu'elles s'en montrent plus prodigues. On doit éviter d'interrompre les hommes qui travaillent, mais il faut craindre sur-tout de déranger les femmes qui n'ont rien à faire.

Les visites du soir, dont l'heure, l'à-propos et la durée sont assez généralement réglés par l'étiquette, entraînent peu d'inconvéniens : celles du matin, en supposant plus d'intimité entre ceux qui les font et celles qui les reçoivent, exigent de la part des premiers une grande connaissance des habitudes locales, un sentiment particulier des convenances personnelles, dont l'ignorance ou l'oubli expose un homme à se donner dans le monde le tort impardonnable d'un ridicule.

Mon cousin Fréminville me rencontra, jeudi dernier, sur le boulevart de la Madeleine, à neuf heures du matin, et parut fort étonné de m'entendre dire que j'allais faire une visite à Mme de Vermont. « Qu'on sorte de chez une jolie femme à cette heure-là, me dit-il en riant, cela peut s'expliquer jusqu'à un certain point ; mais qu'on s'y présente.... — Pourquoi pas, quand cette jolie femme vous attend ? Vous ne connaissez Mme de Vermont que par les succès brillans que lui ont valus dans le monde sa grâce, son esprit et sa fortune ; vous ne l'avez jamais vue que le soir dans un salon dont elle est toujours le plus bel ornement, et où personne ne songe à vous dire que cette femme aimable est une bonne mère de famille, qui se lève à huit heures du matin, qui préside elle-même à l'éducation de ses enfans, et conduit sa maison avec un ordre merveilleux qui double sa fortune. » Fréminville me demanda dans quel roman ou dans quelle comédie je voulais introduire un *caractère* que j'avais probablement rêvé dans ma promenade, et finit par me proposer de parier que je ne serais pas reçu à cette heure dans la maison où j'allais. J'acceptai le pari, et je lui proposai de m'accompagner, en prenant sur moi de justifier sa démarche si elle avait besoin de justification.

Il était neuf heures et demie lorsque nous arrivâmes chez Mme de Vermonf. Le portier se contenta de nous avertir que *Monsieur* était sorti ; nous passâmes, en prévenant que nous allions chez *Madame*. Le valet-de-chambre nous introduisit dans le petit salon, et, pendant qu'il allait nous annoncer, nous eûmes le tems de remarquer que les domestiques étaient à leur poste, et que déjà le plus grand ordre, la propreté la plus recherchée régnaient dans la maison, et se faisaient sentir dans les moindres détails.

Mme de Vermont nous reçut dans la chambre d'étude de ses enfans. Quand nous entrâmes, elle finissait de compter avec son maître-d'hôtel. Sa fille, âgée de dix ans, prenait sous ses yeux une leçon de dessin, et son fils, de deux ans plus jeune, était occupé autour d'une grande table à reformer une carte de France, au moyen des fragmens épars dont elle se compose, et qu'il avait placés sur les genoux de sa mère. C'était un véritable tableau de famille, dont les trois figures offraient, chacune dans son genre, un modèle parfait de grâce et de naïveté.

« Je ne m'excuse pas, nous dit Mme de Vermont, de vous recevoir dans cette pièce, dont je ne sors guère pendant la matinée, et où vous me voyez faisant la maîtresse d'école. Heureusement nos études ne sont pas trop sérieuses, et nous pouvons les interrompre sans inconvénient pour nous, ou les continuer sans trop d'ennui pour les autres. » Fréminville, que Mme de Vermont avait rencontré dans le

monde, et que je lui présentai comme mon
cousin, se confondit en complimens, qu'elle
reçut avec une politesse un peu froide. Elle parut plus sensible à ceux dont ses enfans étaient
l'objet.

M. de Vermont, officier de mousquetaires,
revint de la manœuvre à dix heures, et on servit le déjeûner, seul repas où les enfans aient
leur place à table. L'aimable mère, toujours
occupée d'eux sans le paraître, et sur-tout sans
en occuper les autres, trouva sans le chercher
le moyen de convaincre Fréminville qu'une
femme pouvait allier la modestie et l'éclat, réus-
sir dans le monde par des qualités brillantes,
et fonder son bonheur domestique sur les seules
vertus qui puissent l'assurer.

En sortant de chez Mme de Vermont, et afin
de calmer l'enthousiasme de mon cousin pour
les femmes qui se lèvent de bonne heure, nous
allâmes faire une visite à la baronne de Solanges.
Cette dame, dont le premier besoin a toujours
été de faire parler d'elle, ne s'est pas plutôt
aperçue qu'on ne disait plus rien de ses charmes, qu'elle s'est souvenue du bien qu'elle
avait entendu dire de son esprit; elle s'est faite

auteur ; rien de plus facile , avec quarante mille
livres de rentes ! Il est à craindre seulement
que sa gloire ne finisse par absorber sa fortune ,
et qu'elle ne marchande pas assez les succès
qu'on lui vend. La maison de Mme la baronne
est un bureau d'esprit , dirigé, sous son nom,
par quelques auteurs émérites qui règlent aujourd'hui les rangs dans la littérature , et dis-
pensent la renommée, comme un caissier dispose des fonds qui ne sont pas à lui.

Mme de Solanges sert les Muses de sa plume
et de sa bourse ; tout-à-la-fois *Tencin* et *La
Fayette* , elle protège les auteurs, publie leurs
ouvrages , inonde les salons de ses romans, les
almanachs de ses vers, et les journaux de ses
éloges.

Avant d'arriver à son cabinet, au fond du
jardin, nous traversâmes un salon en désordre,
où le laquais jouait au volant avec la femme-de-
chambre, tandis que le frotteur, appuyé sur
son balai, comptait les coups ; nous trouvâmes
la baronne dans un négligé qu'un peu plus de
propreté n'aurait pas rendu moins simple ; elle
était entourée de vieux livres sillonnés par des
bandes de papier écrites, et dont elle extrait

probablement quelque brochure nouvelle. Je
lui parlai de son dernier ouvrage, dont je ne
connais que le titre; elle en prit occasion de
nous lire un chapitre de celui qu'elle est sur le
point de publier. Nous passâmes ensuite en revue toutes les réputations littéraires, ce qui
nous conduisit à parler de la prochaine nomination à l'Académie, qu'elle regardait comme une
affaire arrangée, au moyen des *dix voix* dont
elle dispose habituellement, et qu'elle avait
promises, depuis plus d'un an, au candidat
qu'elle protège.

La nouvelle Philaminte donna, devant nous,
audience à son libraire et à son imprimeur; elle
s'emporta contre ce dernier, qui s'avisait de lui
prouver qu'il y avait dix-sept fautes d'ortho-
graphe dans la première page de son manuscrit,
qui sans doute n'avait pas été recopié par son
secrétaire; celui-ci, que nous avions aperçu
dans la pièce qui précède le cabinet où nous
étions, est une espèce de petit-collet, *teinturier*,
chargé de soumettre le génie de madame aux
règles de la syntaxe, et de donner à ses ouvrages toute la grâce du pays latin, et tout l'es-

prit du séminaire, au prix de trois dîners par
semaine, et d'une soutane par an.

Un moment après, entrèrent ensemble un
journaliste et un procureur; tous deux étaient
pressés; il s'agissait d'un *article* qui devait paraître le lendemain, et d'un *jugement* rendu la
veille; il n'y avait pas à balancer : on renvoya
le procureur, et nous nous retirâmes avec lui,
pour laisser à la dame la liberté de travailler
avec son journaliste. En sortant, l'homme de
loi nous mit au fait des affaires de la docte baronne, et ne nous cacha pas qu'avant peu,
grâce au peu d'ordre qui règne dans le temple
de cette dixième muse, elle pourrait bien être
forcée d'aller enterrer sa gloire dans le fond
d'un château de province, où elle a relégué son
mari.

Il était midi, lorsque je me présentai chez
Mme de Cériane; Fréminville ne jugea pas à
propos de m'y accompagner. Une des femmes-
de-chambre m'introduisit dans l'appartement
de la jeune dame, où son mari n'avait pas encore pu pénétrer, mais où se trouvaient deux
ou trois hommes de sa société intime. Elle était
assise sur son lit, et soutenue, dans cette po-

sition, par trois ou quatre carreaux d'édredon garnis de dentelle; un madras artistement chiffonné sur sa tête, un canezou du dernier travail de Mme Colliou, composaient toute sa toilette, et n'en laissaient pas désirer une autre ; un petit pupitre en maroquin était posé sur ses genoux, et lui servait à expédier, tout en causant, une demi-douzaine de billets du matin.

C'est un petit ministère que la chambre à coucher d'une jolie femme à la mode : les invitations, les excuses, les refus, les encouragemens à donner à des artistes, les sollicitations auprès des académiciens, ne sont pas les seuls objets de la correspondance. Lorsque Mme de Cériane eut achevé la sienne, la conversation devint plus intéressante. Nous lui donnâmes les nouvelles du matin : elle nous fit la chronique de la veille ; parla successivement, avec une facilité de transitions que je ne me lassais pas d'admirer, de *l'invasion de Rome*, de *l'abbé Faria*, de *l'enterrement de* Mlle *Raucourt*, de *la responsabilité des ministres*, du *Nain Jaune*, du *Congrès* et du *Bal de l'Opéra*. Je la félicitai d'avoir soutenu avec tant de bonheur la fatigue des plaisirs de l'hiver. « Ne m'en parlez pas, dit-

elle (en prenant quelques cuillerées de fécule
de pomme-de-terre, qu'on lui présenta dans
une jatte de vermeil), je suis excédée de bals,
de soupers, de concerts; ma santé en souffre
cruellement; et si le carême ne mettait fin à
tout cela, j'en mourrais. » Dans ce moment
arrive, avec une demoiselle de chez Mme Des-
peaux qui apportait une toque pour le bal du
soir, la vicomtesse de Névalle, amie de cœur
de Mme de Cériane. Ecoutons-les :

« Eh bien, ma belle, que faites-vous aujour-
d'hui? — J'aurais presqu'envie de rester chez
moi. — Non pas, s'il vous plaît; j'ai disposé
de vous : j'ai ma loge à l'Opéra; le spectacle est
charmant, *Nina :* je ne m'en lasse pas; de là
nous allons au bal de Mme T***.— Impossible,
ma chère, je suis si fatiguée !.... — Mon dieu,
je le suis plus que vous; mais encore quelques
mois, et nous irons nous reposer à la campagne.
— Vous faites de moi tout ce que vous voulez ;
j'accepte, mais à condition que vous m'accom-
pagnerez demain matin à la pompe funèbre de
Saint-Roch, et le soir aux Variétés; Potier
vous fera mourir avec *ses farces.* — N'oublions
pas qu'après-demain le docteur N*** nous con-

duit à la Maternité, et qu'ensuite nous allons dîner chez le bailli. — On y joue trop gros jeu, et l'on se retire trop tard ; la semaine dernière, nous en sommes sorties à trois heures. — A la montre de votre mari, qui avance toujours, vous le savez bien. »

Une conversation si raisonnable fut interrompue par l'arrivée du jardinier de la Malmaison, qui venait renouveler les fleurs et présenter à Madame quelques élèves de la Nouvelle-Hollande. Un garçon libraire apportait les brochures du jour; Mme de Cériane le renvoya au secrétaire de son mari, qui connaît ses opinions littéraires et politiques, pour qu'il choisît ce qui lui convenait.

Le maître de piano et le maître italien arrivèrent en même tems; elle remit au premier son cachet, en le priant de revenir le lendemain, et, pour toute leçon, invita l'autre à se mettre au piano, et à lui donner une idée de la polonaise de Mozart, que Mme Catalani a mise en vogue.

On vint annoncer que le déjeûner était servi. Nous passâmes dans le salon, et, après une grande demi-heure, Mme de Cériane vint se mettre à table, et recevoir, pour la première

fois de la journée, les complimens de son mari ;
ils furent accueillis avec d'autant plus de grâce
qu'ils étaient accompagnés d'une très-belle
fourrure de Sibérie, qu'un de ses correspondans
venait de lui envoyer.

Après avoir pris une tasse de thé avec Mme de
Cériane, j'allai terminer mes visites du matin
chez Mme la marquise de Meillan. Cette dame,
élevée par une grand'mère à qui l'on doit en
France la découverte des vapeurs, a trouvé le
moyen, à force de camphre, d'éther, de gouttes
d'Hoffman et de laudanum, de se persuader
qu'elle avait mal aux nerfs ; elle parviendra probablement à détruire sa santé.

La marquise n'a pas encore trente ans, et
son mari en compte au moins soixante. La maladie supposée de sa femme établit entre eux
une sorte d'équilibre qu'il n'a pas intérêt à
rompre. Mme de Meillan ne sort point de chez
elle, voit peu de monde, et passe l'hiver dans
les rhumes, l'été dans les vapeurs, le printems
dans les obstructions et l'automne dans les mi-
graines. Elle dépense, en mémoires d'apothicaire, deux fois autant qu'une autre femme de
son rang et de son âge en bijoux et en modes.

Quand j'arrivai, un calme profond régnait dans les pièces qui précèdent sa chambre à coucher ; des tapis et des portières étouffent le son de la voix et le bruit des pas. Une des femmes me dit tout bas de la suivre, et tourna le bouton de la porte avec une précaution qui m'indiqua celles que je devais prendre. J'entrai sur la pointe du pied dans une chambre où le jour s'éteignait dans les plis des doubles rideaux de soie dont les fenêtres étaient garnies. Mme de Meillan était assise au coin de la cheminée, dans une vaste bergère; une cornette de dentelle, nouée sous le menton, donnait à sa jolie figure, un peu pâle, une expression de souffrance qui ne m'empêcha pas de remarquer qu'il y avait un peu de recherche dans la manière dont la belle malade était drapée dans ses schalls.

Elle s'excusa sur sa maladie de l'état où je la trouvais, « mais elle n'avait pas fermé l'œil » de la nuit; elle souffrait d'un ébranlement de » nerfs, que venait encore d'augmenter un mau- » dit orgue de barbarie, qui s'était obstiné à » jouer sous ses fenêtres. » Elle toussa deux ou trois fois pour avoir occasion de prendre une demi-tasse de lierre terrestre, édulcoré d'eau d'orge.

Tout en parlant, elle sonna, ses femmes à plusieurs reprises, demandant toujours si son médecin était venu. Elle s'impatienta, retrouva sa
voix pour gronder ses gens, et ne se calma qu'à
l'arrivée du docteur, auquel je cédai la place,
en observant qu'il était un peu jeune pour une
maladie si grave.

N° XXXIV. — 25 *février* 1815.

LES MAISONS DE JEU.

Un joueur, d'un commun aveu,
N'a rien d'humain que l'apparence ;
Et d'ailleurs il n'est pas si facile qu'on pense
De rester honnête homme et de jouer gros jeu.
Le désir de gagner, qui nuit et jour occupe,
Est un dangereux aiguillon:
Souvent, quoique l'esprit, quoique le cœur soit bon,
On commence par être dupe,
On finit par être fripon.

Mad. Desboul., *Réflex.*

Après un très-leng voyage aux terres lointaines, un homme était de retour dans ses foyers ; ses amis, accourus pour le voir, lui témoignaient le désir d'entendre ses aventures :

« Ecoutez bien, leur dit-il, voici ce que j'ai vu de plus extraordinaire dans mes courses. A mille ou douze cents lieues du pays des Louconnis (nation de la côte d'Afrique), j'ai rencontré une espèce d'hommes d'une nature tout-à-fait

étrange. Ils passent les nuits entières assis autour d'une table où ils ne mangent point, mais
qu'ils dévorent des yeux ; la foudre tomberait
autour d'eux (ce qui est arrivé plus d'une fois),
deux armées combattraient à leurs côtés, le ciel
même menacerait ruine, que tout cela ne parviendrait pas à distraire leur attention de la
seule pensée qui les occupe. De tems à autre,
on les entend proférer quelques sons inarticulés
qui n'ont entre eux aucune liaison apparente, et
qui, cependant, les font passer alternativement
de la joie au désespoir. Je n'oublierai jamais l'expression terrible des figures de ces gens-là, que
j'ai eu plusieurs fois l'occasion d'observer : la
crainte, l'espérance avide, la joie funeste, le
rire des furies, les tourmens de l'enfer venaient
s'y peindre tour-à-tour. — Mais, demandèrent
les amis du voyageur, à quoi donc s'occupent
ces malheureux? Sont-ils condamnés ou dévoués
à des travaux d'utilité publique ? — Rien moins
que cela. — Cherchent-ils la pierre philoso-
phale ? — Au contraire. — Veulent-ils exal-
ter leur ame pour connaître l'avenir ? — Ils
ne pensent qu'au présent. — Je devine, ils font
pénitence des crimes qu'ils ont commis? — Ils

sont plus près d'en commettre que de s'en repentir. — Mais enfin que font-ils donc ? — *Ils
jouent.* »

Cet apologue, que je traduis, ou plutôt que
j'imite à la hâte d'un fabuliste allemand, me
place de prime-abord au centre d'une question
de morale publique, que je tâcherai de rendre
utile sans trop d'ennui.

Le jeu (à prendre ce mot dans sa plus ri-
goureuse acception) n'est à mes yeux qu'un
moyen illicite de s'approprier le bien d'autrui ;
je l'appelle un vol de convention, et je trouve
même qu'il faut un jugement bien sûr, un
esprit bien méthodique pour distinguer du vol
ordinaire une opération dans laquelle il est
difficile qu'il n'y ait pas toujours un fripon,
puisqu'il y a toujours une dupe.

On a beaucoup écrit contre le jeu : il valait
mieux agir ; dans certains cas (et celui-ci est du
nombre), une bonne ordonnance de police vaut
mieux que le meilleur traité. Le plus ancien que
je connaisse a été composé par un médecin fla-
mand, qui crut se guérir de cette passion en
signalant les maux qu'elle entraîne : c'est un
amant qui déclame contre une maîtresse absente.

Paschasius Justus publia, vers le milieu du 16me siècle, son livre : *De alea, sive de curando ludendi in pecuniam cupiditate* (moyen de se guérir de la passion du jeu); ce qui ne l'empêcha pas de s'y ruiner et d'aller mourir à l'hôpital.

Jean Barbeyrac, savant professeur de droit à Lausanne, a fait un *Traité du jeu*, en trois énormes volumes, dans lesquels il déploie une vaste érudition sans aucun profit pour la morale. Gataker, de la Placette, de Voët, d'Amesius et une foule d'autres ont également publié sur le jeu des écrits plus connus des savans que des habitués du N° 113.

Cette passion, qui se perd comme certains torrens dans un gouffre sans fond et sans rivage, prend comme eux sa source dans les lieux élevés. En France, les grands en furent les premiers atteints. Louis IX essaya, par des mesures sévères, de bannir le jeu de sa cour; son frère Robert, comte d'Artois, donna l'exemple d'enfreindre des ordonnances qui contrariaient sa passion pour les jeux de hasard, qui fut aussi celle du grand-connétable.

Sous le règne de Charles IV, l'hôtel de Nesle

était ce qu'est aujourd'hui le *Salon ;* les étrangers de distinction, les gens de qualité et les
gros joueurs, dont on ne conteste jamais les
titres, s'y rassemblaient pour jouer. Eustache .
Deschamps a composé sur cette réunion de
l'hôtel de Nesle des vers qui n'ont vieilli que par
l'expression ; dans ce lieu, dit-il,

« Maints gentilshommes très-haulx
Y ont perdu armes et chevaulx,
Argent , honnours et seignourie,
Dont c'était horrible folie.

. . . .

Le jeune enfant devient ruffien ;
Joueurs de dez, gourmands et pleins d'yvresse,
Hautains de mer et ne leur chant en rien
D'honneur, etc. »

Cette fureur du jeu, que n'avaient pu répri-
mer les ordonnances de nos rois, céda pour un
moment à la voix d'un moine bénédictin. Pasquier rapporte qu'à l'issue d'un sermon où ce
saint homme avait tonné contre cette odieuse
frénésie, on brûla publiquement dans chaque
quartier les dés, les cartes et les tables de jeu.

Henri III joignait ce défaut à beaucoup
d'autres, et ne le rachetait pas, comme son

illustre successeur , par des qualités adorables
qui permettent à peine de l'apercevoir.

« Je ne sais (dit Péréfixe) ce qu'il faut ré-
» pondre à ceux qui lui reprochent (à Henri IV)
» qu'il a trop aimé le jeu des cartes et des dés ,
» peu séant à un grand roi , et qu'avec cela il
» n'était pas beau joueur, mais âpre au gain ,
» timide dans les grands coups , et de mauvaise
» humeur sur la perte. A cela je crois qu'il
» faut avouer que c'était un défaut de ce roi ,
» qui n'était pas exempt de taches , non plus
» que le soleil. » Ce prince poussait l'amour
du jeu au point d'admettre au Louvre , pour
faire sa partie , un aventurier italien nommé
Pimentel , que Sully eut le courage de chasser.

Les lettres de Mme de Sévigné suffiraient
pour nous donner une idée du degré de force et
d'impudence où fut porté l'amour du jeu sous
Louis XIV; elle s'en plaint à sa fille dans plusieurs lettres. Gourville avoue qu'il a gagné
plus d'un million au lansquenet , et que Dan-
geau n'y fut guère moins heureux. *Les beaux
joueurs* de ce tems-là n'étaient pas les plus
honnêtes gens du monde, à en juger par le
plus beau de tous, par ce chevalier de Grammont,

qui se vantait d'avoir *gagné* deux mille pistoles
au comte de Cameran, à une partie de *quinze*
soutenue par un détachement d'infanterie.

Le jeu figura en première ligne parmi les désordres de la régence ; et, comme l'observe
judicieusement Dussaulx, le *système* n'était
qu'un jeu où la nation entière s'intéressa ; à
quelque tems de là, les hôtels de Gèvres et de
Soissons furent érigés en tripots où l'on jouait,
dans la loge du suisse, dans les antichambres,
dans les salons et jusque dans les mansardes des
laquais ; la police à cette époque ne protégeait
pas les maisons de jeu ; elle les surveillait, et
ses efforts tendaient à les détruire : peut-être y
serait-elle parvenue, si la capitale n'eût pas
trouvé à Luciennes et à Versailles des exemples
et des excuses.

Le roi permettait un jeu à Mme Dubarry pour
son amusement ; quelques grands seigneurs en
établirent chez eux pour leur profit, et ne rou-
girent pas de s'entendre sur ce point avec l'entrepreneur des jeux, qui envoyait chez M. le
duc tel ou tel un aigrefin en habit brodé, pour
tailler le pharaon, le trente et quarante, le quinze
ou le macao.

Ces honteux désordres, qui se perpétuèrent sous le règne suivant, contre la volonté d'un monarque en qui la maturité de la raison avait devancé celle des années, trouvèrent également un censeur dans la personne d'un prince que les heureuses destinées de la France ont replacé sur le trône de ses ancêtres ; Monsieur, à peine âgé de 24 ans, permit au savant Dussaulx de lui dédier son ouvrage sur les *Dangers de la passion du jeu*, qu'il prit, ainsi que l'auteur, sous sa protection. Peut-être n'a-t-on jamais rien écrit de mieux sur ce sujet ; le livre fut lu, estimé autant qu'il devait l'être, et ne corrigea personne.

' Quelques années avant la révolution, les maisons de jeu, organisées sur un plan plus vaste, se multiplièrent à l'infini. Dans l'impossibilité d'arrêter le désordre, la police trouva convenable d'en tirer parti ; elle *imposa* le mal qu'elle ne pouvait détruire.

Un des tripots les plus en vogue à cette époque était celui qu'avait ouvert Mme Sainte-Amaranthe ; Frascati, le pavillon d'Hanovre, l'hôtel de Richelieu, la maison de la rue Grange-Batelière, et cent autres, déguisaient le même piège sous les noms de *soupers*, de *concerts*, de *bals masqués*. Cette dernière invention, la plus funeste que le génie du jeu ait imaginée, permettait aux femmes de ruiner incognito leurs maris; aux hommes en place, aux négocians, aux agens comptables, de compromettre leur fortune sans compromettre leur crédit; et aux laquais, de jouer, sans attirer l'attention sur eux, tout l'argent qu'ils pouvaient dérober à leurs maîtres.

Le Palais-Royal devint le centre de ces dangereux établissemens, auxquels on ne rougit pas de donner le caractère d'une institution publique, en créant une *administration des jeux* qui étendit, en le régularisant, le fléau dont elle avait, et dont elle a conservé l'odieux privilége. Grâces aux nombreuses succursales qu'elle entretient dans toute la France et dans tous les quartiers de Paris, aucune classe de la société ne peut se soustraire à sa désastreuse influence; elle prélève son impôt sur la journée de l'ouvrier comme sur le traitement de l'ambassadeur, et ne dédaigne pas plus le cuivre de l'artisan que l'or du receveur-général.

Le *Cercle des étrangers* tient le premier rang

parmi les maisons de jeu, avec lesquelles il n'a
de commun que son objet. La meilleure et la
plus brillante compagnie de Paris, en hommes,
s'y réunit tous les soirs. C'est un lieu de rendez-
vous pour des personnages de distinction, parmi lesquels on est tout surpris de trouver des
gens qu'ils eussent refusés six mois avant pour
leurs laquais, et qu'un coup de dés a fait leurs
égaux. Là, ce n'est point le besoin qui implore
le hasard; c'est l'opulence qui lutte imprudem-
ment avec la fortune, dans l'espoir de faire
payer au jeu les dépenses d'un luxe hors de
proportion avec des revenus qui ne peuvent y
suffire.

Je saute une vingtaine de maisons intermé-
diaires pour passer du *Cercle des étrangers* au
N° 9 du Palais-Royal, le plus gai, sinon le plus
décent, des tripots de Paris; il est plus facile de
le faire connaître que de le désigner par le nom
qu'on est convenu de lui donner. Cette maison
a deux entrées : l'une pour les novices, où l'on
paie 20 sous; l'autre pour les affidés ou pour
les dupes, auxquels on croit devoir offrir ce nouvel appât. Le *craps*, la *roulette* et le *trente-un* y
multiplient les chances des joueurs, c'est-à-dire

contre les joueurs. Une salle où l'on danse, contiguë à celle où l'on joue, est sans cesse ouverte aux amateurs, qui ne s'informent pas des mœurs de leurs danseuses.

Les habitués de ce singulier lieu sont, pour la plupart, des provinciaux qui viennent y chercher les plaisirs de Paris; des militaires en congé, qui croient y jouir des délices de la paix, et des *Grecs* mâles et femelles, qui spéculent sur la crédulité des uns et sur l'insouciance des autres. On y perd son argent le plus gaîment du monde. Vingt femmes, assises autour d'une table de *roulette*, cherchent à doubler à ce jeu l'argent qu'elles ont gagné à un autre, et, après l'avoir vu disparaître sous le fatal râteau, retournent au bal pour y briguer des succès moins incertains.

Dans une pièce adjacente, le buffet du restaurateur sollicite pendant toute la nuit l'appétit des joueurs heureux; et tandis que ceux-ci, autour d'une table chargée de mets exquis, de vins délectables, réparent gaîment les fatigues de la danse avec les profits du jeu, quelques pauvres diables qu'il a ruinés, sans argent pour solliciter un asile de la pitié de ces dames, dorment sur les banquettes de la salle de bal, au bruit des walses et des contredanses.

Le N° 113 est, en quelque sorte, la sentine, l'égout des autres maisons du même genre; il est destiné à la classe de joueurs la plus basse et la plus malheureuse. Trois ou quatre grandes salles, pauvrement décorées, suffisent à peine à la foule des ouvriers, des pères de famille qui viennent y perdre le produit de leur travail et le gage journalier de la subsistance de leurs enfans, qu'un coup de dés leur ravit. Le jeu se montre là dans toute sa hideuse difformité. Le banquier, les croupiers, les pontes ont tous un air diversement sinistre. Des sbires d'une stature colossale se promènent autour de la table, et leur regard farouche semble interdire aux victimes du hasard jusqu'à l'expression de leur regret. L'impassible attitude du banquier et de ses complices est peut-être plus effrayante encore. Egalement sourds aux cris du désespoir et aux élans de la joie, ils ramassent l'argent qu'ils gagnent avec le même sang-froid qu'ils répandent celui qu'ils perdent, et qui doit bientôt leur revenir. Le sentiment de la perte est là plus affreux que partout ailleurs : c'est la misère qui dispute un morceau de pain à l'avarice ; la joie est sans charmes ; c'est le répit du désespoir.

Mon fils, qui venait de lire la première partie de ce tableau, paraissait croire que je l'avais chargé à dessein. ♦

« . . . . Non, mon fils, lui dis-je, ce ne sont point ici les déclamations d'un moraliste, les anathêmes d'un prédicateur, ce sont des faits dont les preuves journalières sont malheureusement sous nos yeux. Je le répète, c'est dans l'histoire des maisons de jeu qu'il faut chercher la cause de presque tous les crimes : la biographie des joueurs compose une grande partie des annales des tribunaux : comptez seulement les noms odieusement célèbres des misérables dont les lois ont fait justice dans ces dernières années : Lepelley, Héluin, Cartier, L'Homond, Dautun, tous sont sortis d'une moison de jeu pour monter à l'échafaud. Le plus terrible argument qu'on puisse faire contre ces établissemens, c'est qu'ils rapprochent l'intervalle immense qui, partout ailleurs, sépare l'innocence du crime, et qu'un honnête homme peut en un seul jour s'y voir transformé en scélérat. ~

» De toutes les séductions offertes aux jeunes gens dans cette grande ville, la plus dangereuse, la seule qui n'ait point de terme, la seule contre laquelle on ne puisse trouver de refuge, c'est le jeu. L'expérience, l'habitude même vous met en garde contre l'appât des autres plaisirs; la nature prend soin d'en régler l'usage; la passion du jeu est la seule qui se nourrisse, qui s'accroisse de ses propres excès, dont l'abus garantisse, en quelque sorte, la durée, et qui excite les mêmes désirs, les mêmes transports dans le cœur du jeune homme et dans celui du vieillard. Par une fatalité qui ajoute encore au danger de ce genre de séduction, et dont il est moins facile de donner l'explication que la preuve, les premiers pas dans cette funeste carrière sont presque toujours marqués par des succès. On dirait que le sort prend à tâche de favoriser les débutans, qu'un premier échec pourrait décourager. »

Ces réflexions s'adressaient à mon fils Victor, qui se trouve lié très-intimement avec un jeune officier qu'une leçon terrible a, je crois, corrigé d'une passion funeste qui eût, sans doute, entraîné sa ruine. Léon (c'est le nom de l'ami de

mon fils) m'avait été recommandé par son
père, et j'ai été chargé pendant quelque tems
de lui payer par trimestre une pension de deux
mille écus, et qui devait suffire pour le maintenir honorablement dans une des compagnies
rouges où il sert. Léon, qui venait alors assez
habituellement chez moi, me parlait sans cesse
du besoin indispensable qu'il avait d'augmenter
sa dépense en prenant un cheval et un cabriolet de plus. En ma qualité de ministre des
finances, j'essayais, en lui présentant son bud-
get, de lui prouver qu'à moins de se sevrer de
tout autre plaisir, et même de prendre sur ses
besoins, il ne pouvait, avec 500 francs par
mois, faire face à cette nouvelle dépense. Mon
calcul lui parut d'abord assez juste; mais il
voulut le faire vérifier par un de ces mathématiciens qui connaissent mieux la table de *trente-un*
que celle de Pythagore, et qui ne manqua pas
de lui prouver qu'un jeune homme qui peut
disposer de 500 fr. par mois a, dans ses mains,
les élémens infaillibles d'une fortune de trente
mille livres de rente. A vingt ans, on n'est pas
difficile sur des raisonnemens qui flattent nos
goûts et nos désirs. Au premier jour de paiement

de sa pension, Léon fit l'essai d'un plan de finances qu'il adoptait d'autant plus volontiers qu'il l'entendait moins ; il joua, décupla son petit capital, et ne douta plus que le jeu ne défrayât amplement le luxe de son écurie. Effrayé de la vie qu'il menait, et dont je fus instruit par lui-même, j'allai le voir un matin pour essayer de l'arrêter sur le penchant de l'abîme. Je le trouvai avec son Mentor, occupé à calculer les chances *infaillibles* d'une martingale. Léon répondit à mes remontrances en étalant devant moi l'or qu'il avait gagné la veille, et je crus inutile d'argumenter contre de pareilles preuves.

J'espérais que la fortune ne lui ferait pas attendre long-tems les revers qui pouvaient seuls donner quelque poids à mon sermon ; et, pour être plutôt en mesure de les mettre à profit, je résolus de suivre mon étourdi dans une maison de jeu de la rue des ..., où il se rendait tous les soirs, et dans laquelle je fus introduit par un vieil habitué, qui avait payé bien cher l'espèce de considération qu'on lui témoignait. La compagnie était nombreuse, et je pouvais espérer de faire mes observations sans être aperçu de celui qui en était l'objet.

Je le vis approcher de la maîtresse du logis,
qui le reçut d'un air très-affectueux et comme
un homme que l'on attend ; il causa familière-
ment avec elle, appuyé sur le dossier de sa
chaise, jusqu'à la fin de la *taille ;* et lorsqu'on
en commença une nouvelle, il alla prendre sa
place auprès du banquier. Je ne le perdis pas
de vue un seul moment. Il appela d'abord
monsieur de la chambre (dénomination inventée
pour flatter tout-à-la-fois l'amour-propre des
laquais des maisons de jeu, et pour ménager
celui des autres). On lui apporta une carte et
une grosse épingle pour *piquer la taille.* Le crou-
pier lui donna les honneurs de *la coupe,* frappa
trois coups de *rateau* sur la table, et les prêtres
de ce dieu numérique, qu'on nomme *trente-un,*
rendirent aussitôt leurs oracles. La *martingale*
fit encore une fois merveille ; Léon gagna beaucoup, fut complimenté, fêté par une foule d'a-
mateurs émérites, qui n'ont d'autre moyen
d'existence que l'impôt qu'ils mettent sur la générosité des joueurs heureux ; je ne jugeai pas à
propos d'attrister inutilement son triomphe ; mais
inquiet de savoir comment il usait de la victoire,
je revins le lendemain sur le champ de bataille,

où j'eus tout lieu de croire qu'il avait couché.

Cette fois je le trouvai assis près d'une femme aussi jolie que peut l'être une joueuse ; cette dame s'intéressait vivement à son jeu, et paraissait l'aider à tirer parti de la fortune qui continuait à lui sourire, à en juger par le tas d'or amoncelé devant lui : les banquiers attendaient qu'il eût disposé ses *masses* avant de prononcer les mots irrévocables : *rien ne va plus*, *le jeu est fait*. Dans le cours de cette *taille* orageuse, à laquelle je reviendrai tout-à-l'heure, je m'étais éloigné de la table assiégée par trois rangs de joueurs, et, assis avec mon guide sur la *banquette des blessés*, je passais en revue les personnages les plus marquans de ce tripot célèbre, qu'il me faisait successivement connaître.

« Vous voyez, me disait-il, ce grand homme maigre dont les cheveux gris et rares se tiennent, pour ainsi dire, debout sur son front; la nature lui avait tout donné : une belle figure, un beau nom, de l'esprit et même un bon cœur; le jeu a souillé sa vie d'une action honteuse, dont les circonstances ont fait un crime atroce. A cette époque terrible, où les prisons étaient

remplies de victimes dévouées à l'échafaud, un
de ses cousins qu'il aimait tendrement avait été
arrêté ; son sort n'était point douteux : il allait
être traduit devant le tribunal révolutionnaire ;
M........ apprend qu'une somme de dix mille
francs peut arracher son ami à la mort ; il n'a
qu'une très-petite partie de cette somme ; il
court chez tous ses parens, réalise la somme
entière, et n'attend plus que l'heure de la nuit
qui lui est assignée pour se rendre à la prison
dont son cousin va sortir. La fatalité, l'habitude,
le conduisent dans une maison de jeu ; le tems
pèse à son impatience, il croit le tuer en *carot-*
tant quelques écus ; pour les rattraper, il hasarde
une somme plus forte, le sort s'obstine à le
poursuivre ; un seul coup peut réparer ses pertes, il le joue et le perd ; sa tête s'échauffe,
s'égare..... ; l'argent sacré, dont il est déposi-
taire, est entamé ; pour recouvrer le tout il
expose le reste...*. : sa fortune, son honneur,
la vie d'un parent qu'il aime, sont placés sur
une carte ; le banquier la nomme, et cet arrêt
du destin condamne à la fois deux victimes,
l'une à la mort, l'autre à l'ignominie.

» Je n'ai pas besoin de vous nommer ce beau

vieillard à cheveux blancs , assis à l'une des ex-
trémités de la table dont il fait si honteusement
les honneurs ; vous l'avez vu , il y a vingt ans ,
remplissant Paris du bruit de ses fêtes , de l'é-
clat de son luxe et du scandale de ses amours ;
le jeu a dévoré sa fortune , et , réduit à la plus
honteuse misère , il n'a pas rougi d'accepter un
bout de table (c'est ainsi que l'on nomme ces
croupiers subalternes désignés par la place
qu'ils occupent , et dont les fonctions se bor-
nent à surveiller *les pontes*).

» Ce gros homme si rouge , dont la cravate
est nouée négligemment , et qui s'approche de
la cheminée en disant *tout va au rouleau* , est un
père de famille distingué autrefois dans une profession honorable : sa femme , à laquelle il devait la fortune qu'il a dissipée , est réduite à
blanchir des schalls pour faire vivre ses quatre
enfans ; et , dans le moment où je parle , il vient
de perdre une somme qui les aurait fait vivre
honorablement pendant plus de six mois. »

Au silence profond qui régnait autour de la
table , nous jugeâmes qu'il s'agissait d'un coup
important ; nous nous approchâmes. Les deux
tableaux étaient couverts d'or et de billets : Léon,

au dernier coup de sa martingale, avait tout son argent à *la noire*, le banquier amène *trente-un* pour cette couleur; le parti de *la rouge* est consterné; les cartes filent...... *Trente et un après !* L'argent est *mis en prison ;* les plus prudens en retirent la moitié..... Les rateaux s'agitent ; les masses nouvelles se forment; *faites votre jeu.....* Encore un refait !! Une caverne de voleurs n'est pas plus bruyante : *rouges et noires* exhalent leur fureur de cent manières; les uns parcourent le salon en jurant; les autres cassent les rateaux sur le dos des chaises ; ceux-ci, près de suffoquer, s'essuient la figure ; ceux-là déchirent leurs chemises et se frappent la poitrine. Si quelque chose peut donner une idée du supplice des damnés, de la rage des enfers, c'est une maison de jeu dans un pareil moment. Enfin l'arrêt définitif est prononcé; la *noire* perd, et tout l'or de Léon est versé dans la corbeille du banquier : je le suis des yeux.

Il lui reste pour dernière ressource une belle épingle, où le portrait de sa mère est monté en diamans, et une montre à répétition, chef-d'œuvre de Breguet. *Monsieur de la chambre* prête sur l'un et l'autre objet le cinquième de

leur valeur, et cette somme va grossir en un
moment la caisse *de la roulette*. Léon, au désespoir, s'adresse alors à un homme de la figure la
plus sinistre qui l'attire dans l'embrasure d'une
croisée ; mon *Cicerone* me fait connaître ce personnage, et je vois qu'il est tems de me montrer. La tête de Méduse ne produisait pas un
effet si prompt ; le malheureux jeune homme
me regardait avec stupeur, et je vis de grosses
larmes rouler dans ses yeux. En un pareil moment toute réprimande eût été déplacée, et sans
doute il y eût été moins sensible qu'aux conso-
lations que je crus devoir lui donner en lui remettant son épingle et sa montre, de la remise
desquelles j'avais traité d'avance avec le prê-
teur.

Nous nous disposions à sortir de ce repaire
au moment où une explosion terrible vint y
jeter le désordre et l'effroi. Toutes les bougies
furent éteintes. Dans ce tumulte épouvantable,
on distinguait les vociférations des banquiers
qui criaient : *Arrêtez ! Fermez les portes !* La
garde arriva : des gendarmes s'emparèrent des
portes ; les croupiers, sans égard pour les blessés,
pour les femmes évanouies, s'occupèrent d'abord

de la caisse ; leur regard farouche semblait désigner un complice dans chaque spectateur. Les
soupçons s'arrêtèrent sur quelques individus
plus mal notés que les autres, et dans le nombre se trouva un homme avec lequel Léon m'a-
voua qu'il s'était lié la veille, et qu'il avait invité à déjeûner pour le lendemain.

Enfin nous sortions de cette maison infernale ;
un homme qui descendait derrière nous, en
poussant par intervalle de profonds soupirs,
nous suivit dans une des allées du jardin, et,
s'adressant à Léon d'une voix dont je suis sûr
qu'il n'oubliera jamais l'accent : « Jeune homme, lui dit-il, retenez bien la leçon que je vais
vous donner : il y a quinze ans que je suis entré
pour la première fois dans cette maison, où je
fus témoin du suicide d'un homme qui y perdit
à-la-fois la vie et l'honneur : puisse cet exemple,
qui ne m'a pas corrigé, faire plus d'impression
sur vous! » En achevant ces mots, et sans nous
donner le tems d'arrêter son bras, ce malheureux mit un pistolet dans sa bouche et se fit
sauter la cervelle.

Cette terrible catastrophe, les événemens qui
l'avaient précédée, avaient tellement bouleversé

nos esprits, qu'aucun de nous n'avait la force
de proférer une parole. Notre vieux conducteur
mit le comble à l'espèce d'horreur dont nous
étions remplis, en nous faisant remarquer,
dans la rue de Richelieu, une voiture énorme
escortée par quatre gendarmes, le sabre à l'épau-
le, consacrée au transport de la caisse des jeux.
Et c'est dans le pays, chez le peuple le plus po-
licé du monde, que la force publique protège un
pareil brigandage; qu'elle prend sous sa garde
un trésor monstrueux, qui se compose de la dot
des épouses, du bien des enfans, de l'honneur,
des larmes et du sang des familles!

N° XXXV.—29 *mai* 1814.

LE COUSIN ET LA COUSINE.*

———

Injusta ab justis impetrare non decet.
PLAUT. *Amph. Prol.*

Ne cherchons pas à obtenir d'un homme
juste des choses contraires à la justice.

J'AVAIS autrefois l'honneur d'être attaché à la
personne d'un des princes de la maison de
Bourbon ; peut-être aussi ai-je été assez heureux
pour donner quelques preuves de dévouement à
cette auguste famille, dans un tems où il y
avait, sinon du mérite, du moins du danger
à laisser éclater son zèle ; mais je tâche de ne
pas oublier que les Mornay, les d'Aubigné, les

* *Ces deux Lettres ont paru dans le Journal de l'Em-*
pire, sous les dates des 29 mai et 2 juin ; elles ont été at-
tribuées à différentes personnes. Nous les restituons à leur
auteur, en les insérant dans ce Recueil, où elles se trou-
vent à leur véritable place.
                                    (*Note de l'Editeur.*)

Crillon, les Sully, appelaient modestement cela *remplir un devoir*.

Je ne sais sur quel fondement on me suppose dans ma province un crédit dont je ne jouis pas, et auquel je suis redevable des sollicitations sans nombre que je reçois, sans pouvoir être utile à ceux qui me les adressent.

Je n'ai trouvé qu'un moyen d'échapper à cette persécution d'un genre nouveau : c'est de publier la lettre d'une de mes parentes, et la réponse que j'ai cru devoir y faire. La première est, en quelque sorte, un résumé de trois ou quatre cents lettres que j'ai reçues pour le même objet. Je répugne d'autant moins à la rendre publique, que je me réserve de n'en point nommer l'auteur, et qu'à tout prendre, cette lettre ne fait pas moins l'éloge du cœur de celle qui l'a écrite que la critique de l'esprit qui l'a dictée.

MADAME LA MARQUISE DE*** A M. LE CHEV^r DE***.

« Que je suis heureuse, mon cousin, des événemens qui ramènent sur le trône nos illustres princes ! Quel bonheur ! Vous n'avez pas d'idée du crédit que les événemens et votre séjour à

Paris me donnent ici. Le préfet a peur de moi ;
et sa femme, qui ne me saluait jamais, m'a priée
deux fois à dîner.

» Mais il ne faut pas perdre de tems, et nous
comptons sur vous. Croiriez-vous que mon mari
n'a pas encore fait la moindre démarche pour
se faire réintégrer dans sa place, sous prétexte
qu'elle n'existe plus, et que sa charge lui a été
remboursée en assignats ? C'est l'homme le plus
apathique qu'il y ait en France.

» Mon beau-frère a repris la croix de Saint-
Louis ; il ne lui manquait plus que neuf ans pour
l'avoir lorsque la révolution a éclaté : il ne serait pas juste qu'on refusât de compter au nombre de ses services les vingt ans de troubles et
de malheurs qu'il a passés dans ses te ·es ; il
compte sur vous pour lui faire expédier promptement son brevet.

» Je joins à ma lettre un mémoire en faveur
de S. F***, mon fils aîné ; il avait droit à la survivance de son oncle ; il vous sera facile de la lui
faire obtenir. Je désirerais que son frère le chevalier entrât dans la marine, mais avec un grade
digne de son nom et des anciens services de sa
famille. Quant à mon petit-fils G***, il est d'âge

à entrer dans les pages , et vous n'auriez qu'un mot à dire pour qu'il soit placé.

» Nous partirons pour Paris dans les premiers jours du mois prochain , et j'emmènerai ma fille avec moi. J'ai le désir de la placer à la cour : c'est une faveur qu'on ne refusera pas à vos sollicitations , si vous y mettez un peu de suite et de bonne volonté.

» Pensez au pauvre F***: à la vérité il a marqué dans le tems de la révolution ; mais je vous avoue que depuis un mois il en est bien revenu. Vous savez qu'il n'a rien , et qu'il est prêt à tout sacrifier pour nos maîtres : son dévouement le porte à les servir dans une place de préfet; il est très-capable de la remplir. Vous vous rappelez la jolie chanson qu'il a faite pour moi.

» M. de B***, fils de l'ancien intendant de la province , ira vous voir ; faites en sorte de lui être utile : c'est un ami de la famille. Si l'on ne rétablit pas les intendances , il se contenterait d'une place de receveur-général ; c'est bien le moins que l'on puisse faire pour un homme dévoué à son prince , et qui a été enfermé six mois pendant la terreur.

II.   6

» Je ne veux pas oublier de vous recommander B***. On lui reproche d'avoir servi tous les
partis, parce qu'il a été employé par tous les
gouvernemens qui se sont succédés en France
depuis vingt ans; mais c'est un brave garçon,
vous pouvez m'en croire; il est le premier ici qui
ait arboré la cocarde blanche. D'ailleurs, il ne
demande qu'à être conservé dans sa place de
directeur des postes : ayez soin de m'écrire sous
son couvert.

» Je vous adresse ci-joint les papiers de mon
beau-père : il lui était dû par les états de Languedoc une somme de quarante-cinq mille francs
qui ne lui a jamais été payée; j'espère qu'on ne
vous en fera pas attendre le remboursement,
et que vous ne refuserez pas de faire usage de
ces fonds, si vous éprouvez un moment de gêne;
ce qui n'est guère probable dans la position où
vous devez être.

» Adieu, mon cher cousin, je vous embrasse
pour toute la famille, en attendant le plaisir de
vous venir voir bientôt à Paris. »

J. DE V***.

RÉPONSE.

« Vous ne sauriez croire , ma chère cousine, avec quel intérêt j'ai lu la lettre que vous m'avez fait l'honneur de m'écrire , et combien j'ai mis de zèle à faire valoir les prétentions si justes, si légitimes de toutes les personnes que vous me recommandez. Vous ne serez pas plus étonnée que je ne l'ai été moi-même des obstacles que. l'on m'oppose , et que vous jugeriez insurmon-- tables si vous connaissiez aussi bien que moi les gens à qui nous avons affaire.

» Quand j'ai parlé de votre fils aîné, qui a tou- jours eu l'intention de servir , pour une place de chef d'escadron dans le régiment où son père a servi autrefois, ne m'a-t-on pas donné comme objection d'un certain poids que la paix était faite, et qu'avant de songer à placer M. de de S. F*** il fallait pourvoir au sort de 25,000 officiers, dont les uns , le croirez-vous, se préva lent de leurs campagnes, de leurs blessures , et vont même jusqu'à se faire un titre des batailles où ils se sont trouvés ; tandis que les autres , plus étroitement liés aux malheurs de la famille royale , rentrent en France sans autre for-

tune que les bontés et les promesses du Roi ?
J'ai demandé avec un peu d'humeur ce que l'on
ferait pour votre fils, pour une foule de braves
royalistes qui ont tant gémi, en secret, sur les
malheurs de l'Etat, et dont les vœux n'ont pas
cessé de rappeler la famille des Bourbons au
trône de leurs ancêtres : on m'a répondu qu'ils
se réjouiraient de voir la fin de nos maux et
l'accomplissement de leurs vœux.

» C'est un homme bien singulier que votre
mari, et je conçois, ma chère cousine, tout ce
que vous devez avoir à souffrir de son incroyable
apathie. A soixante-cinq ans, tout au plus, réduit à une fortune de quarante mille livres de
rentes, il se confine au fond d'un château, et
croit pouvoir renoncer à la carrière de l'ambition, comme si un père ne se devait pas à ses enfans, comme si un gentilhomme ne devait pas
mourir debout !

» Je suis fâché que votre beau-frère ait repris
la croix de Saint-Louis avant de l'avoir eue ;
car il pourrait arriver que le Roi ne se dessaisît
pas du droit de conférer lui-même cette déco-
ration, et qu'il n'approuvât pas la justice que
certaines personnes se sont empressées de se

rendre. Vous sentez qu'il y a moins d'inconvénient à ne pas avoir la croix de Saint-Louis qu'à
se trouver dans l'obligation de la quitter.

» Je n'ai pas négligé de faire valoir les droits
de votre fils le chevalier, et je ne désespère pas
de le faire passer à l'examen des gardes de la
marine royale. Nous ferons ensuite tous nos efforts pour le faire passer sur le corps de cent officiers beaucoup trop fiers de leur valeur, de
leur vieille renommée et du dévouement dont ils
prétendent avoir fait preuve à Quiberon.

» Votre petit-fils G*** est inscrit pour les
pages ; je ne puis pas vous dire au juste, ma
chère cousine, quand il sera admis à l'hôtel,
attendu que votre demande vient à la fin de
3775 autres formées par des fils de gentilshommes ou d'officiers morts sur le champ de bataille, sans la moindre distinction des services
rendus à l'Etat et au prince.

» Vous avez une très-bonne idée de placer
Mlle votre fille à la cour, et la chose ne sera pas
difficile lorsque vous aurez trouvé pour elle un
mari, que son rang et sa fortune pourront y appeler ; jusque-là, je ne vois pas trop ce qu'elle

viendrait y faire, et quel rôle convenable elle
pourrait y jouer, toute majeure qu'elle est.

» J'ai présenté une pétition en faveur de F***,
à la fin de laquelle j'ai inséré la jolie chanson
qu'il a faite pour vous; mais on devient si exigeant, que de pareils titres ne suffisent plus pour
obtenir une *pauvre* place de préfet. Je vous dirai
même qu'on ne tient pas grand compte à votre
protégé de sa conversion et des sacrifices qu'il
est prêt à faire. Ses ennemis s'obstinent à dire
que ce n'est pas un homme sûr; moi qui l'ai vu
opérer dans le tems, je suis convaincu que s'il
mettait seulement aujourd'hui la moitié du zèle
à servir la bonne cause qu'il a mis autrefois à
faire triompher la mauvaise, on pourrait l'employer très-utilement : mais aura-t-on assez
d'esprit pour faire cette épreuve ?

» On ne dit pas si les intendances seront rétablies; mais on paraît croire que les recettes
générales seront diminuées, ne fût-ce que du
nombre de celles qui existaient dans les départemens séparés de notre territoire : cela me fait
craindre que M. de B*** ne soit obligé de s'en
tenir à la fortune énorme que son père a faite

dans les anciennes Fermes, et qu'il a trouvé le
moyen de mettre à l'abri de l'orage révolutionnaire. Il faut avoir un peu de philosophie!

» Soyez bien tranquille sur le sort de B***;
je le connais : il a du liant dans les principes et
dans le caractère; depuis vingt-cinq ans il s'est
glissé entre tous les partis, sans avoir été froissé
par aucun ; c'est un homme d'une merveilleuse
adresse, et qu'on ne servira jamais aussi bien
qu'il se sert lui-même. Il n'est plus directeur
des postes, et vient d'obtenir une place plus lu-
crative dans une autre administration. Vous in-
téresserez-vous autant à lui ?

» Je vous renvoie, chère cousine, les papiers
relatifs à la créance de votre beau-père sur les
états de Languedoc; la liquidation ne m'en pâ-
raît pas très-prochaine : quelque juste que soit
votre réclamation, on a décidé que la solde ar-
riérée des troupes, la dette publique, les pensions militaires, et une foule d'autres objets de
cette nature, seraient pris, avant tout, en considération. Cette mesure est évidemment le fruit
de quelque intrigue; vous pourriez charger F***
de faire quelque bon pamphlet sur les besoins

les plus urgens de l'Etat, et l'engager à placer cette créance en première ligne. Vous ne vous faites pas d'idée combien le gouvernement est influencé par cette foule de petites brochures que la mauvaise foi, la sottise et la faim produisent chaque jour avec une si louable émulation.

Du train que vont les choses, vous voyez, chère cousine, qu'il faut vous armer de patience ; je vous dirai même qu'il est à craindre que le voyage que vous vous proposez de faire à Paris n'avance pas beaucoup vos affaires. De compte fait, sur les relevés de la police, il y a dans la capitale, au moment où je vous écris, 123,000 provinciaux de tout rang, de tout sexe et de tout âge, qui sont ici en réclamation, armés de titres presqu'aussi incontestables que les vôtres, et qui auront sur vous, pour obtenir un refus, l'avantage inappréciable de l'antériorité de leurs démarches. Au reste, comme je vous connais de la philosophie et le goût des bonnes lettres, je vous prie de relire un chapitre du *Spectateur* sur les justes prétentions de ceux qui demandent des emplois : c'est le 32ᵉ du 7ᵉ volume, dans l'édi-

tion en huit volumes in-12 : les mêmes événemens retrouvent les mêmes hommes.

Agréez, ma chère cousine, l'assurance de
mon tendre et respectueux attachement.

Le chevalier DE ***.

UNE MATINÉE A LA HALLE.

—

Non convivere licet, nec urbe totâ,
Quisquam et tam prope tam proculque nobis.
Mart., *Ep.*

Quel rapport peut-il y avoir entre des gens qui
sont si près et si loin de nous?

Dumarsais, dans son Traité des *Tropes*, prétend qu'il se fait plus de figures de rhétorique
à la Halle un jour de marché, que dans vingt
séances d'académie : c'est à la vérité de cette
observation qu'il faut sans doute attribuer le
goût que plusieurs hommes d'esprit ont mani-
festé pour le langage vif, piquant et figuré du
peuple des halles. Les mœurs des habitans de
ce quartier n'ont presque rien de commun avec
celles des autres, et la civilisation, dont les
progrès se font sentir dans les dernières classes

de la société, semble respecter la rudesse native et les traits originaux de cette singulière espèce d'hommes.

Les gens de la Halle, sans autres droits que d'anciennes traditions, sans autres liens que de vieilles habitudes, forment une des corporations les plus solides et les plus sagement administrées de la capitale : les étranges priviléges qu'ils se sont arrogés sont d'autant plus irrévocables, qu'ils sont moins reconnus ; ils en jouissent par prescription, et personne ne s'aviserait de les leur contester.

Louis-le-Gros, vers le commencement du 12ᵉ siècle, avait jeté les premiers fondemens des halles ; mais ce ne fut qu'en 1181, sous le règne de Philippe-Auguste, qu'elles furent établies d'une manière stable et définitive. Ce monarque (un de ceux auxquels Paris est le plus redevable, et dont les travaux publics doivent paraître immenses quand on les compare à l'époque où ils furent exécutés) conçut le premier l'idée de réunir dans un même lieu tous les approvisionnemens de la capitale. Il fit à cet effet l'acquisition d'une pièce de terre attenante au fossé de circonvallation de l'ancienne ville, et la

fit clorre de murs pour la sûreté des marchands.
Vingt – trois ans après , les halles , appelées
Champeaux , du nom du terrain où elles avaient
été bâties, devinrent une propriété royale en
vertu d'un concordat passé avec Guillaume,
évêque de Paris. C'est sous Louis IX que fut
construit ce vaste portique appelé *les Piliers des
Halles* , dont la plus grande partie subsiste encore aujourd'hui.

Du commencement du 13e siècle à la fin du 15e,
les halles servirent de lieu d'exécution. Le malheureux duc de Nemours y fut décapité par
ordre du cruel Louis XI ; et lorsque, plus d'un
siècle après , la place de l'Hôtel-de-Ville obtint
le triste privilége des échafauds , les restes des
malfaiteurs exécutés à la Grève continuèrent à
être exposés sur la place de la Halle. Saint-Foix
s'indigne contre cet usage *d'étaler aux mêmes lieux
des fleurs et des cadavres.* Ces vestiges de barbarie ont disparu ; les halles sont aujourd'hui , sinon le plus beau quartier de Paris , du moins le
plus gai, et peut-être même le plus riche.

On connaît aujourd'hui sous le nom de *halles*
toute cette partie de la ville située entre la pointe
Saint-Eustache , la rue Saint-Denis et la rue

de la Ferronnerie. C'est là sur-tout que l'on peut prendre une idée de la population de Paris, en voyant cet immense entrepôt de comestibles qui se renouvellent plusieurs fois par jour, et qui ne sont estimés que la dixième partie des subsistances nécessaires à la consommation journalière de cette capitale.

Dans les six volumes d'Observations que j'ai déjà publiés sur les mœurs parisiennes, je crois avoir retracé avec quelque exactitude les usages, les goûts, les préjugés, en un mot, la manière d'être des différentes classes de la société. De tous ces tableaux, celui des halles est le plus difficile à faire, par la nature et la multiplicité des détails dont cette vaste composition abonde. Des scènes qui se varient à l'infini ; des porsonnages qui ont des mœurs, des habitudes, un langage particuliers ; des situations qui naissent des contrastes les plus bizarres, forment non pas un tout, mais une réunion de parties hétérogènes dont il est presque impossible de saisir l'ensemble.

Un homme d'esprit (que Voltaire a fort mal traité dans un moment d'humeur, d'ailleurs assez excusable, mais auquel il a fait une répa-

ration plus que suffisante, en publiant sous son
nom des *facéties* dont chacune suffirait à la réputation d'un homme de lettres), Vadé, auteur à peu
près inconnu de la *Canadienne* et du *Suffisant*,
a été surnommé *l'Homère des halles*. Il a composé dans l'idiôme du pays quelques ouvrages
qu'on ne lit point sans plaisir, quand on peut les
achever sans dégoût. On y trouve une foule
d'expressions bassement énergiques, de tour-
nures burlesquement ingénieuses, dont il n'est
pas l'inventeur, mais qu'il a eu l'art d'encadrer
dans son poëme héroï-comique de la *Pipe cassée*.

La loi salique ne s'applique pas au royaume
des halles : les femmes y règnent sous le titre de
dames, qu'elles ont pris et que l'usage a consacré. Ces dames-là forment en quelque sorte un
troisième sexe, qui participe de la nature et du
caractère des deux autres.

La plupart des Parisiens de la classe opulente
ne connaissent la Halle que par le rapport de
leur maître-d'hôtel, ou tout au plus pour l'avoir
traversée en voiture au milieu des brocards dont
ces *dames* habillent ordinairement ceux qu'elles
ne sont pas accoutumées à voir. La curiosité
m'a plus d'une fois conduit au milieu d'elles, et

presque toujours avec l'intention de provoquer
ces bordées de quolibets grivois dont elles ne
manquent pas de vous assaillir à la moindre
agression.

Je sortais, un jour de la semaine dernière, à
quatre heures du matin, d'un bal de la mi-ca-
rême, chez des grands parens, dans la rue du
Roi de Sicile, où l'on pourrait habiter comme
partout ailleurs, si l'on trouvait un moyen d'y
arriver en voiture sans écraser les gens qui sont
sur le pas de leur porte. Cinq ou six dames et
demoiselles du même quartier s'étaient entas-
sées dans le seul fiacre qui restât, et, comme le
tems était beau, je me vis sans peine dans l'obligation de regagner à pied mon logis. Je par-
courais les rues désertes du Marais, où les
portes sont habituellement fermées à dix heures
du soir, depuis la place Royale jusqu'au cime-
tière Saint-Jean. Je suivais tranquillement mon
chemin, sans autre épisode que la rencontre de
quelques chiffonniers qui grattaient le ruisseau
à la lueur d'une lanterne, et sans autre distraction que le bruit de quelques voitures qui rou-
laient dans le lointain; ce bruit augmentait à
mesure que j'approchais de la rue Saint-Denis;

et ce ne fut pas sans une surprise extrême qu'en
débouchant de la rue aux Fers je me trouvai
tout-à-coup transporté de la solitude la plus
profonde au milieu d'une population bruyante
et active comme un essaim d'abeilles à l'entrée
de sa ruche. Les charrettes, les fourgons, les
carioles, les mulets et les ânes arrivaient de tous
les points de cette immense place, et venaient,
chacun à l'endroit indiqué, déposer autour du
Poids public leur charge de marée, d'œufs, de
fruits et de légumes. Ce moment est celui du
premier marché entre les syndics de la Halle et
les gens de la campagne. Les denrées, distri-
buées par lots, sont vendues à la criée, et payées
sur-le-champ aux cultivateurs, qui sont en
route, pour reporter à leur famille le prix de
leur travail, avant que la dixième partie de la
population de Paris soit sur pied.

A ce premier marché en succède un second,
dans lequel les syndics revendent les denrées
aux marchandes en détail. Celles-ci en ouvrent
bientôt après un troisième, où viennent s'appro-
visionner les fruitières des différens quartiers
de Paris, chez qui les petits consommateurs
viendront se pourvoir de la quatrième main; en

sorte que l'humble choux acheté par la femme d'un laborieux artisan a déjà fait vivre quatre personnes avant d'entrer dans le pot-au-feu de la modeste famille qu'il doit nourrir.

Le soleil se montre à peine que les étalages des marchandes de la Halle sont déjà décorés avec un art qui n'est pas exempt de charlatanisme. Immédiatement après les fruitières, arrivent les maîtres-d'hôtel, les cuisiniers des grandes maisons, suivis de leurs aides; ils parcourent le marché en jetant de côté et d'autre des regards dédaigneux que chaque marchande cherche à fixer sur elle; on croirait voir des sultans se promenant dans leur harem. Enfin leur choix est fait: les volailles et les poissons, les légumes et les fruits, entassés dans de vastes corbeilles, traversent la Halle sur la tête des marmitons, qui, tout fiers de leur charge, coudoient rudement la petite servante qui vient, le panier au bras, faire sa modeste provision.

Il est 9 heures; la Halle est dans tout son éclat, et le commerce dans toute son activité; ici l'un marchande un turbot de dix louis, et l'autre une botte d'oignons d'un sou; on se dispute ici pour un faux poids, là pour une fausse mesure.

J'admirais l'ordre qui règne au milieu de ce
chaos, où l'Argus de la police a constamment
ses cent yeux ouverts, lorsqu'une circonstance,
beaucoup plus rare qu'on ne le croirait, donna
lieu à une scène de confusion digne du pinceau
de Teniers et de Van-Ostade. Un jeune étourdi,
qui traversait la Halle dans son boquey, ren-
versa un panier d'œufs qui débordait l'étalage
d'une marchande. Mille voix glapissantes s'élèvent aussitôt contre l'imprudent conducteur, qui
croit échapper aux réparations qu'on exige de
lui en appliquant un coup de fouet à travers la
figure d'un porte-faix qui s'était mis à la tête
de son cheval. L'étincelle dans une poudrière
est moins prompte : en un moment le marché
des Innocens est en combustion; trois cents personnes entourent le malencontreux cabriolet ;
la foule qui grossit, ne respectant plus rien, des
flots de populace entraînent et renversent les
corbeilles de fruits, les baquets de poissons. Les
marchandes crient, jurent, distribuent force
coups de poing à droite et à gauche, et ne par-
viennent à sauver d'une avarie totale qu'une
partie de leurs marchandises.

La foule augmente toujours; toute circulation

est interrompue ; quarante voitures à la file , engagées au milieu de cet Océan de monde , ne peuvent avancer ni reculer : les maîtres , aux portières , regardent d'un œil inquiet ; les cochers , impassibles sur leur siége , attendent que le torrent s'écoule , et les laquais , derrière, rient aux éclats des coups qui se distribuent. La garde , accourue , ne peut se faire jour à travers la multitude : une rixe en occasionne quarante autres ; de tous côtés on crie *à la garde* , la garde crie de son côté ; le caporal ne sait auquel entendre , et les soldats , pour apaiser cette immense querelle , sont forcés d'y prendre une part active. Enfin , après une heure de tumulte, d'injures, de coups donnés et reçus, on s'aperçoit que le cabriolet, première cause du désordre, s'est échappé dans la bagarre. Quelques-uns des plus ardens fauteurs d'une querelle dont ils ne connaissent seulement pas l'objet sont conduits au corps-de-garde ; l'explication qui s'ensuit ne prouve que des torts réciproques ; les parties sont mises hors de cour, dépens compensés , et tout rentre dans l'ordre.

Vers midi , la Halle prend un autre aspect : la foule des chalands diminue ; les inspecteurs parcourent le marché, examinent la qualité des marchandises qui n'ont point encore trouvé d'acheteurs, et prononcent, suivant le cas, des amendes ou des confiscations.

A une heure, la journée des gens de la Halle est à-peu-près finie, et les cabarets qui bordent le marché des Innocens se remplissent de *dames* et de *forts* de la Halle : les groupes se forment, comme dans les cafés du Palais – Royal ou des boulevarts, autour des nouvellistes du quartier ; on y parle politique aussi gravement et peut-être plus sagement que partout ailleurs. Dans ces assemblées où les affaires d'état ne sont pas sous l'influence des intérêts particuliers, on agite le partage de la Saxe et de la Pologne avec une justice, avec une impartialité qui eût fait beaucoup d'honneur au congrès. Il en est de la *grosse raison* comme de la *grosse gaîté* du peuple : c'est presque toujours la bonne.

N° XXXVII. — 18 *mars* 1814.

L'INTÉRIEUR D'UNE ÉGLISE.

Religentem esse opportet, religiosum nefas.
AUL. GELL.

Si la superstition est un crime, la religion
est un devoir.

POURQUOI faut-il qu'en tout tems, en tout
lieu, l'abus soit à côté de l'usage, et que les
idées mondaines touvent accès jusque dans les
choses les plus saintes ? Je ne suis jamais entré
dans une église sans tomber dans un pieux re-
cueillement. Ces voûtes consacrées à la prière,
où l'enfance commence en quelque sorte la vie,
où le vieillard en paix vient attendre la mort,
où le riche et le pauvre, le faible et le puissant
éprouvent les mêmes besoins, forment les mêmes vœux, implorent la même protection ; ces
voûtes, dis-je, font naître les grandes pensées,
et l'homme qui s'y repose dans le silence des
passions y trouve à-la-fois la preuve de sa fai-

blesse et de sa grandeur, de son néant et de son immortalité.

Veut-on éloigner ces sublimes images, et, sans sortir de la même enceinte, retrouver, dans toute sa misère, l'humanité, qu'on avait perdue de vue, il suffit de passer de la nef à la sacristie, et d'assister aux conférences intimes du curé, du bedeau, du clerc et du marguillier. C'est là que je place l'action d'un tableau où j'envisage les objets sous leurs rapports comiques, sans toucher à ce qu'ils ont de respectable, comme ont fait Boileau, La Bruyère et Gresset. On ne s'est point mépris sur leurs intentions; j'ose espérer qu'on ne se méprendra pas sur les miennes.

Qui sert l'autel doit vivre de l'autel,

rien de plus juste; faites de l'autel une table, mais n'en faites pas un comptoir; vivez-en, mais n'en trafiquez pas. Les *fabriques* sont devenues de véritables maisons de commerce : c'est là que se vendent, à prix débattus, les bienfaits de l'église; c'est là que les messes basses et les grand'messes, les absoutes et les baptêmes sont tarifés comme une facture de mercerie; c'est là qu'une présentation de pain bénit, le choix d'une quêteuse, le nombre des cierges pour un office , le raccommodage des chasubles , deviennent tour-à-tour l'objet des plus sérieux débats et des plus profondes délibérations. On y marchande un sermon comme un libraire marchande un pamphlet ; on y intrigue pour enlever un bon organiste à une autre paroisse, comme un directeur de province pour débaucher un bon acteur à son confrère. Tantôt on s'assemble pour régler le prix des chaises ou pour augmenter celui des petits cierges que les dévotes viennent brûler devant l'image de sainte Agnès ou de saint Pacôme. Hier on agitait la question de savoir si l'on doit , pour une messe de six francs , mettre la chasuble de serge ou celle de lampas ? il s'agit aujourd'hui de décider combien on paiera les chaises le jour où monseigneur viendra confirmer.

Comme on pourrait supposer que je parle un peu légèrement d'objets qui me sont étrangers , je crois à propos de faire connaître la source où j'ai puisé mes connaissances , et la personne à qui j'en suis en grande partie redevable.

M. Moussinot, mon propriétaire , a un frère que l'on nomme M. Durenard , ancien employé aux messageries, lequel s'est retiré sur la pa-

roisse de Saint-P** avec dix-huit cent cinquante
livres de rente, non compris sa pension de cent
écus. Ce M. Durenard, que je rencontre souvent chez son frère, est un modèle achevé de
ces bons bourgeois parisiens, production spon-
tanée du sol de la *cité* qu'ils habitent, et hors
de laquelle je penche à croire qu'on aurait de la
peine à conserver l'espèce.

M. Durenard jouit dans son quartier d'une
grande considération ; il y passe pour une forte
tête et pour le plus habile joueur de domino du
café de l'Etoile. Comme il a 60 ans, et dix-huit
heures dans la journée dont il ne sait que faire, il
eût été fort embarrassé de son tems s'il ne se
fût créé des occupations administratives en se
faisant nommer marguillier de sa paroisse, et
des fonctions militaires en sollicitant la place de
fourrier adjoint dans une compagnie de la garde
nationale. Il est vrai de dire que cette cumula-
tion de dignités n'a pas été sans inconvénient
pour son caractère ; les honneurs ont un peu
changé ses mœurs : le marguillier de Saint-P**
ne reçoit plus ses amis qu'à jour fixe ; il fait
faire antichambre sur son palier à ses neveux
qui viennent le voir, et, du bout de son banc,
dans l'église, il regarde d'un air qu'on pourrait

prendre pour de la hauteur les pauvres parois-
siens qui entendent bourgeoisement la messe à
genoux sur les pavés du temple. On a remarqué
qu'il ne manquait jamais le dimanche de paraître à la grand'messe en habit de garde national,
et décoré de deux croix du lis.

Depuis la restauration, M. Durenard, moins
inquiet sur le sort de la capitale, a donné plus
particulièrement ses soins à sa paroisse, dont
il se vante d'avoir doublé les revenus par des
moyens ingénieux, dans la confidence desquels
il a daigné me mettre.

Le premier acte de son administration, comme
marguillier en chef, a été de faire regratter les
deux têtes de bœufs dont le portail de l'église
est décoré. En feuilletant Corrozet, Sauval et
Germain Brice, il avait découvert que le nom
de cette église et les ornemens singuliers du portail tiraient leur origine de la dévotion des déux
bœufs qui s'agenouillèrent à la porte du temple.
Il imagina fort judicieusement qu'en rappelant
ce miracle aux yeux et au souvenir des parois-
siens il réveillerait leur zèle et leur générosité.

M. Durenard s'occupa ensuite de trouver à
bon marché un artiste habile pour toucher

l'orgue, auquel il fit ajouter deux soufflets.

La distribution du pain bénit est une des cérémonies paroissiales dont il a le plus habilement médité les avantages. Il a dressé lui-même une liste des maisons les plus opulentes de son quartier, et de celles où se trouvent les plus jolies personnes, qu'il choisit toujours pour quêteuses. Je ne serais pas étonné que M. Durenard, à qui les livres ascétiques sont familiers, n'ait consulté le *Roman Bourgeois* de Furetière, où je trouve la description suivante, dont le marguillier de Saint - P** paraît avoir fait son profit :

« Une belle fille qui devait y quêter ce jour-
» là y avait attiré force monde, et tous les po-
» lis qui voulaient avoir quelque part à ses bon-
» nes grâces y étaient accourus exprès pour
» mettre quelques grosses pièces dans sa tasse ;
» car c'était une pierre de touche pour connaî-
» tre la beauté d'une fille, ou l'amour d'un
» homme, que cette quête. Celui qui donnait la
» plus grosse pièce était estimé le plus amou-
» reux, et la demoiselle qui avait fait la plus
» grosse somme était estimée la plus belle. »

On voit que la dévotion vers le milieu du 17ᵉ siècle n'était pas exempte de ces petits calculs

mondains qu'on lui reproche aujourd'hui , et
sur lesquels M. Durenard a fondé le plus clair
des revenus de sa fabrique. Le dimanche au matin une voiture de place , la plus propre de la
file , va chercher la jolie quêteuse , qui se rend
à l'église en grande cérémonie , le bouquet au
côté , les barbes flottantes , précédée du suisse
et du bedeau qui porte le pain bénit sur un
plat de vermeil.

A ces moyens d'attirer le beau monde à son
église , M. Durenard en a joint un autre : il a
mis à la mode la promenade du quai de l'Ar-
chevêché , où les femmes les plus élégantes du
quartier se rendent le dimanche après la messe ,
et vont faire assaut de grâce et de parure.

Le rang qu'il occupe dans la garde nationale
lui sert encore à rehausser l'éclat qu'il donne à
la paroisse. Il ne meurt pas un soldat de la légion , que son convoi ne soit ordonné à Saint-
P** : les tambours drapés , la compagnie sous
les armes , accompagnent le défunt ; l'organiste
exécute l'ouverture du *Jeune Henri ;* les chaises
sont tiercées , des sentinelles sont placées aux
portes de l'église pour le maintien de l'ordre , et
la recette est ordinairement fort abondante.

Le regret que manifeste le plus habituellement ce prototype des marguilliers, c'est de n'avoir jamais eu l'aubaine d'un enterrement de sénateur ou de conseiller – d'état ; il n'en parle jamais sans porter envie au curé de Saint-Thomas-d'Aquin , qui se vante d'avoir eu cinq ou six bonnes fortunes de cette espèce.

Le choix d'un prédicateur, dont M. Durenard s'est occupé pendant six mois , est un des résultats de son administration qui lui font le plus d'honneur. La fabrique n'avait pas le moyen de payer un abbé Fraissinous ; mais , en se rappelant que l'abbé de Bernis n'avait pas eu moins de succès par ses avantages extérieurs que Bourdaloue ou Massillon par leur sainte éloquence , Durenard jeta les yeux sur un jeune séminariste qui avait été pendant deux ans précepteur des enfans d'un ministre , chez lequel il ne se donnait pas une fête que l'abbé Poupard n'en fût l'ordonnateur ; ses talens dans ce genre l'auraient infailliblement conduit à l'évêché : la révolution du 31 mars vint renverser ses espérances.

L'abbé , qui ne trouvait plus à placer ses couplets , s'est mis à faire des sermons : sa vocation naturelle ne l'appelait pas à ce genre de travail ; mais , à l'aide d'une vingtaine de sermon-

naires dont il a fort bien cousu les lambeaux,
il est parvenu à se faire un petit-carême qui
rappelle en plusieurs endroits celui de Massillon. Il ne manquait plus à l'abbé Poupard
qu'une chaire pour y faire son début; celle de
la paroisse de Saint-P** était vacante : il se
présenta chez notre marguillier, qui sut apprécier au premier coup-d'œil sa voix sonore,
son teint fleuri, l'éclat de sa calotte vernissée,
et l'élégance de sa soutane nouée avec une
large ceinture de moire.

M. l'abbé n'était point exigeant; le marché
fut aussitôt conclu. Dès le soir même, M. Durenard en proclama l'objet au café de l'Etoile,
et dans un moment cette nouvelle se répandit
depuis la rue de la Vieille-Draperie jusqu'au
parvis Dotre-Dame. Bientôt il ne fut plus
question que du beau prédicateur : l'alarme se
mit parmi les vieux directeurs des bourgeoises
de la Cité; elle fut à son comble, lorsqu'on le
vit entrer dans l'église; jamais solennité n'y
avait attiré tant de monde.

L'abbé Poupard avait dîné ce jour-là chez
le syndic des marguilliers, avec le curé de la
paroisse et les principaux membres de la fa-

brique. C'était le premier dimanche de l'Avent. Après le dîner on se rendit à l'église; le jeune prédicateur traversa, pour arriver à l'escalier de la chaire, une double haie de femmes parées avec beaucoup de recherche. Tous les yeux se portèrent sur lui : son surplis de mousseline des Indes, plissé avec beaucoup d'art, et dont sa soutane en gros de Naples relevait l'éclatante blancheur; ses cheveux, dont la boucle circulaire flottait avec grâce sur ses épaules; sa démarche, modestement assurée, lui concilièrent, avant qu'il eût parlé, tous les suffrages de son brillant et nombreux auditoire.

Le texte de son sermon était l'*humilité chrétienne* : après avoir jeté négligemment deux mouchoirs de la plus fine batiste sur le devant de la chaire; après avoir commandé l'attention, en promenant autour de lui ses regards pleins de douceur, il débita son homélie avec tant de force et d'onction, que, sans égard à la sainteté du lieu, l'assemblée l'interrompit plusieurs fois par des murmures d'approbation, dont la vanité du prédicateur paraissait trop visiblement excuser l'inconvenance.

M. Durenard, habile à saisir l'occasion, profita de ce moment d'enthousiasme et fit faire une quête pour les *besoins de l'église*. Le succès de cette première récolte lui donna l'idée d'en faire une seconde pour le *luminaire*, à laquelle succéda une quête pour les *pauvres honteux*, dont le produit ne fut pas moindre que celui des deux autres.

L'habileté que M. Durenard déploya dans cette circonstance, et dont il avait donné tant d'autres preuves, lui mérita l'honneur d'être nommé marguillier perpétuel. Depuis ce jour, entièrement absorbé dans les affaires de la fabrique, rien n'échappe à sa vigilante administration. Quatre nouveaux troncs ont été placés dans l'église, avec des inscriptions en si mauvais latin, que les femmes elles-mêmes peuvent l'entendre. Aux quêtes journalières il en a, par supplément, ajouté trois autres : l'une pour les *ames du purgatoire*, l'autre pour les *pauvres convertis*, la troisième pour *le reliquaire* de Saint-Pierre ; enfin, grâce au zèle infatigable de son marguillier, la fabrique de la paroisse de Saint-P** sera bientôt assez riche pour créer un chapitre et pour entretenir une douzaine de chanoines.

N° XXXVIII. — 27 *mars* 1815.

LE RETOUR DE L'EMPEREUR.

—

Tantò major famœ sitis est quàm virtutis.
Juv., *Sat. X.*

Tant il est vrai que l'homme est plus affamé
de gloire que de vertu.

CETTE capitale a été témoin deux fois, dans
la même année, d'un de ces événemens mémo-
rables semés à de grandes distances, dans l'espace des siècles : la chute d'un souverain précipité du premier trône du monde où l'avait
élevé la victoire, et la réintégration d'une famille de rois regrettée depuis vingt-cinq ans.
Tout portait à croire que le spectacle d'une pareille catastrophe ne se renouvellerait pas aux
yeux des contemporains ; Napoléon semblait à
jamais perdu pour l'Empire, alors même que le
bruit de son nom remplissait encore l'Europe,
et que la France était en quelque sorte couverte
des débris de son naufrage.

Les Bourbons pouvaient se croire affermis sur le trône d'Henri IV, et la nation, péniblement désabusée du rêve de sa grandeur, se résignait au repos violent dont sa situation lui faisait la loi. Je ne reviendrai pas sur les causes politiques qui ont amené si brusquement une révolution nouvelle; et, sans empiéter une seconde fois sur les droits de l'historien, je me hâte de reprendre mes modestes fonctions d'observateur. L'esquisse, même imparfaite, du tableau de la capitale, pendant le mois de mars 1815, sera d'un grand intérêt pour l'avenir, et peut-être de quelque utilité pour le présent.

Ceux qui jugeaient de la situation de la France par celle de la cour dans les trois premiers jours du mois de mars dernier, pouvaient être dupes du calme apparent dont la capitale offrait l'image. Les Parisiens avaient enfin pris leur parti sur les décisions d'un congrès où la France figurait d'une manière si dérisoire; à peine quelques vieux politiques du café de Foy se tenaient-ils encore au courant des conférences de Vienne; l'armée, ensevelie dans ses cantonnemens, oubliait la victoire, et recevait avec indifférence les favoris ministériels que l'on substituait à ses

anciens chefs; les prêtres ne cachaient pas assez
le but et le motif de leurs espérances, et ne
voyaient, dans les concessions qui leur étaient
faites, que le moyen d'en obtenir de nouvelles; les
courtisans s'occupaient à rétablir les barrières de
l'étiquette; et les ministres, incapables de grandes
choses, s'occupaient de petites intrigues. Celui-
ci employait toutes les ressources de son imagination pour assurer à une chanteuse étrangère
un privilége dont il dépouillait le légitime pos-
sesseur; celui-là ne voyait le salut de la France
que dans la réforme, c'est-à-dire dans la destruction de l'Institut national et de l'Université;
un troisième, à qui la justice avait confié sa
balance, n'y pesait que les intérêts de sa vanité,
de ses préjugés et de ses aversions; les journaux, pour amuser la galerie, faisaient une petite guerre quotidienne : les uns poussaient de
toute leur force au pouvoir absolu; les autres
défendaient ou feignaient de défendre la Charte
constitutionnelle. Tel était l'état des esprits et
des choses, lorsqu'un bruit sourd et lointain
terrifia la cour, étonna Paris, et fit tressaillir
l'armée.

Tous les yeux se portent vers le midi de la

France, d'où le coup était parti. On n'aperçoit d'abord qu'un point à l'horizon ; mais tout-à-coup le météore s'élève, grandit, approche et remplit l'espace : c'était Napoléon ! Du haut du rocher qu'il s'était choisi pour asile, son regard planait sur la France : il a mesuré l'abîme qui l'en séparait ; il entreprend de le franchir, et de ressaisir le sceptre échappé de ses mains. Ce projet, le plus audacieux, le plus funeste par ses résultats qu'un homme ait jamais conçu, il l'exécute à la tête de six cents braves qu'il associe à sa fortune.

La nouvelle de son débarquement parvint à Paris dans la journée du dimanche 5 mars ; mais, soit que la terreur glaçât d'abord tous les esprits, soit qu'on craignît d'interrompre les pieux exercices auxquels ce jour était consacré, on remit au lendemain à s'occuper des mesures à prendre dans un événement où le retard d'une heure pouvait entraîner la perte d'un trône.

Dans la matinée du lundi, cette nouvelle inconcevable franchit l'enceinte des Tuileries et circula dans la ville, où elle produisit une impression si variée, si mobile, qu'on ne pouvait encore lui assigner de caractère. *Le Moniteur*, en la faisant officiellement connaître, la présenta comme un acte de démence dont quelques gardes champêtres suffisaient pour faire justice. Tout ce qui approchait de la cour affectait la même confiance; les plus zélés allaient jusqu'au mépris; l'alarme était dans une partie de la ville, et l'espérance dans l'autre; les militaires seuls annoncèrent le succès en apprenant l'entreprise.

Bientôt on vit se renouveler les scènes du mois de mars de l'année précédente. Dans la journée du 7, les groupes se formaient aux Tuileries et sur les boulevarts; les cafés se remplissaient de nouvellistes, dont chacun avait en poche sa lettre confidentielle; et la lecture du *Moniteur*, qui se faisait à haute voix, était interrompue par des commentaires où l'esprit de parti commençait à se montrer à découvert. Dès ce jour, on put remarquer dans la contenance des militaires un changement dont il était aisé de démêler la cause et de prévoir l'effet.

Ceux à qui les petits détails n'échappent point, et qui en tirent quelquefois de grandes inductions, s'aperçurent qu'à cette même époque les décorations du lis étaient moins communes: on

sut que, depuis plus de six mois, par une espèce
de pressentiment et de convention tacite, les
soldats, dans l'intimité de la caserne, donnaient
à l'Empereur le surnom mystérieux de *La Violette*, auquel ils attachaient l'idée d'un *Retour
au Printems*. Cette pensée secrète prit dès-lors
un signe extérieur : un bouquet de violette
parmi les bourgeois, et parmi les militaires le
ruban de la *Légion* négligemment noué à la
boutonnière, furent adoptés, par les partisans
les plus dévoués à Napoléon, comme un moyen
de s'entendre et de se reconnaître.

Le gouvernement, après avoir jeté dans les
journaux un cri d'alarme, auquel il n'avait
point préparé le public, adopta des mesures qui
semblaient dictées par la sécurité la plus parfaite. Grenoble avait ouvert ses portes à l'Empereur, et les princes délibéraient encore aux
Tuileries sur le plan de défense qu'il fallait
adopter, ne s'apercevant pas qu'il y avait beaucoup plus loin, en pareille circonstance, du
golfe Juan à Grenoble, que de Grenoble à Paris.

Le départ du comte d'Artois pour Lyon ras-
sura momentanément les esprits. La maison du
Roi tout entière fut rappelée dans ses canton-

nemens. Cette jeunesse valeureuse et brillante, parmi laquelle l'exilé de l'île d'Elbe comptait quelques partisans, ne balança pas un moment, et son zèle fut aussi actif, aussi sincère que si son dévouement eût été plus entier; mais quel pouvait en être l'effet, dans l'état où se trouvaient ces compagnies (dont plusieurs n'étaient point montées), commandées par des chefs pour qui l'art de la guerre et le métier des armes n'étaient plus que le souvenir confus d'un autre âge ?

A mesure que Napoléon avançait, par un calcul de prévoyance dont personne ne se rendait compte, les esprits semblaient se rapprocher et les inquiétudes se confondre. Les espérances d'un parti, moins expansives à mesure qu'elles devenaient plus certaines, ménageaient prudemment le désespoir de l'autre: celui-ci, cherchant à se tromper lui-même, mettait toute sa confiance dans l'opinion publique, dont il croyait trouver l'expression dans les cris d'une multitude rassemblée chaque jour dans les cours et sur les terrasses des Tuileries.

Le retour précipité du comte d'Artois jeta l'épouvante parmi les amis du Roi. On sentit,

mais trop tard, la nécessité de se faire un appui
de cette Charte constitutionnelle dévouée, depuis un an, au mépris des royalistes purs et aux
insultes des journaux ; la même politique absurde qui avait éloigné l'armée dans un tems
où il eût été si avantageux de l'approcher de la
personne du Roi, dont on confiait la garde à
des Suisses ; la même politique, dis-je, appelait alors ces troupes humiliées et mécontentes
à la défense du monarque. Ce qu'un ministère
inhabile pouvait seul ne pas prévoir, ce qu'on
devait craindre, arriva : les forces de l'Empereur
s'augmentèrent de tous les régimens qu'on en-
voya contre lui.

Napoléon approchait, et, dans la confusion où
s'égaraient les dépositaires de l'autorité, on crut
un moment pouvoir recourir aux mesures de rigueur qui répugnaient le plus à la justice du
Roi et à sa bonté naturelle. On dressa des listes
de proscription, on menaça hautement la liberté
de tous les citoyens que l'on supposa devoir former des vœux pour le triomphe d'une cause qui
était beaucoup moins la cause de Bonaparte que
celle de l'honneur national bien ou mal entendu. Un ministre poussa l'extravagance jus-

qu'à présenter aux deux Chambres, qui le re-
poussèrent avec indignation, un projet de loi
digne des tribunaux révolutionnaires de 93. •

Paris, dans les cinq derniers jours de cette
crise, offrit le singulier spectacle de deux genres
de proscrits, cherchant auprès les uns des autres
des secours et des garans contre la chance politique que chacun avait à craindre. On allait
se réfugier chez l'homme à qui l'on avait promis un asile pour le lendemain; et, ce qui ca-
ractérise honorablement cette époque, c'est
qu'au milieu des haines qu'enfante l'esprit de
parti on n'a pas cité un seul exemple de délation ou seulement d'abus de confiance.

Tandis que les volontaires royaux, dernière
et faible ressource de la monarchie, passaient
des revues à Vincennes, Napoléon approchait
de la capitale, après avoir traversé la France
dans sa plus grande largeur, sans avoir trouvé
le moindre obstacle et sans avoir brûlé une
amorce dans sa route.

Tous les projets d'insurrection avaient échoué,
même dans la Vendée; l'Empereur n'était plus
qu'à deux petites journées; les princes, en sor-

tant de la revue, donnèrent des ordres pour leur départ : dès ce moment chacun prit son parti et prépara son costume et sa figure pour le lendemain.

Pour avoir une idée juste de la cour et des hommes qui l'habitent, il faut avoir assisté, dimanche matin, 19 mars, à la messe du Roi, aux Tuileries. Cette chapelle, trop petite naguère pour contenir la foule brillante qui s'y précipitait sur les pas du monarque, n'offrait plus qu'une vaste solitude où quelques serviteurs fidèles avaient eu le courage d'accompagner leur maître malheureux. La désertion de ces indignes favoris parut affecter vivement le cœur du Roi ; mais il tira du moins de leur abandon l'avis utile que tout espoir de succès était momentanément perdu, et qu'il était tems pour lui de quitter la capitale.

La nuit du 19 au 20 parut bien longue à la plupart des habitans de cette ville, et l'on compterait peu de maisons d'où la crainte, l'inquiétude, les regrets ou l'espérance n'aient banni le sommeil. Dès six heures du matin, quelques cris de *vive l'Empereur!* annoncèrent un événement auquel on était depuis long-tems préparé; le Roi

était parti, et déjà le pavillon tricolore, flottant
sur la colonne des Victoires, annonçait à la
France de nouvelles destinées. Il est facile de se
rendre compte du mouvement général qui en-
traînait tant de monde sur la place du Carrousel :
on venait y contempler ce palais désert, où la
fortune ramenait l'homme extraordinaire qui l'a
maîtrisée pendant quinze ans.

N° XXXIX. — *4 avril* 1815.

LES PROPOS DE TABLE.

Proprium hoc esse prudentiæ, conciliare sibi animas hominum, et ad usus suos adjungere.

CICERO.

Le grand art est de se concilier l'estime des hommes et de la faire tourner à son propre avantage.

JE ne sais trop quel nom donner à ce sentiment violent et pénible qui, dans les révolutions, dans les grandes crises politiques, détruit toutes les affections sociales, et brise quelquefois jusqu'aux liens du sang. Je serais plus embarrassé de le nommer que de le définir; car il est évident qu'il se compose de trois élémens bien distincts, la vanité, la crainte et l'égoïsme, décoré le plus souvent du beau nom d'amour de la patrie. Ce dernier sentiment, après avoir été la dupe des deux autres, finit toujours par nous ramener sur nous-mêmes, et nous y concentre au milieu des regrets , des souvenirs et des espérances. Les tems deviennent-ils plus calmes , les esprits sont-ils moins agités, on se rapproche , les liaisons se renouent , les habitudes se reprennent , et, peu-à-peu, les affections se raniment avec la sécurité qui les avait fait naître. Des amis que l'esprit de parti avait séparés , qui se saluaient à peine en se rencontrant , s'abordent avec un peu d'embarras, s'excusent gauchement d'avoir été si long – tems sans se voir, et prennent jour pour dîner ensemble.

De tous les moyens d'établir ou de rétablir l'intimité entre les hommes , la table est le plus prompt et le meilleur : le rapprochement y est plus immédiat, l'expression plus vive, et l'aveu des torts plus facile. Les anciens connaissaient mieux que nous le parti utile qu'on en peut tirer ; et si l'on ne s'amusait pas autant au banquet de Platon et à celui des sept sages qu'aux petits soupers de Paris , il est probable qu'on y raisonnait mieux et qu'on s'y instruisait davantage , à en juger du moins par *les Propos de Table* que le bon Plutarque nous a conservés. Dans ce livre , qui pourrait être abrégé sans

inconvénient, l'auteur, à l'exemple de Platon,
adopte la forme du dialogue : cette manière dra-
matique de mettre en scène les personnages que
l'on fait parler, d'exposer les caractères par les
discours, les pensées par les actions, est incon-
testablement la plus difficile ; mais elle est aussi
la plus piquante, la plus vraie, et par conséquent
celle qui convient le mieux aux propos de table.

Mon respect pour l'antiquité, et ma prédi-
lection particulière pour le prince des biogra-
phes, ne m'empêchent pas de convenir que
l'ennui se glisse quelquefois dans son banquet
au nombre des convives, principalement lorsqu'il se met avec eux en frais d'érudition, et
qu'ils dissertent à perdre haleine sur de vieilles
origines où la vérité est aussi difficile à découvrir qu'inutile à connaître. Je suis également
prêt à convenir qu'on peut dire des bons-mots,
des sentences, des apophtegmes de Plutarque,
ce que Martial disait de ses épigrammes ; mais
on passe facilement sur les taches d'un ouvrage
où se trouvent beaucoup de pensées comme
celles-ci :

« Les enfans ont plus besoin de guides pour
» lire que pour marcher. »

« Se taire à propos est un talent plus rare
» que de bien parler. »

« C'est dans l'enfance qu'on jette les fonde-
» mens d'une bonne vieillesse. »

« Celui qui affecte toujours de dire comme
» vous dites, de faire ce que vous faites, n'est
» pas votre ami; c'est votre ombre. »

« Le caméléon prend toutes les couleurs,
» excepté le blanc; le flatteur imite tout, ex-
» cepté ce qui est bien. »

De pareilles maximes, semées pendant le repas dans la conversation des convives, donnent une haute opinion de leur esprit. Il est
vrai que ces gens-là parlaient l'un après l'autre;
en parlant comme chez nous, tous ensemble,
on court risque de n'être pas entendu de la pos-
térité.

Le repas du soir est une habitude que j'ai
contractée dès l'enfance, et à laquelle le despotisme de la mode n'a pu me faire renoncer.
Le vieux capitaine de vaisseau dans le manoir
duquel je fus élevé * aimait beaucoup à boire;
le commandeur de Cédcron aimait beaucoup à

* V. le n° 1er du premier volume du *Franc-Parleur*,
pag. 2.

parler ; ma tante adoptive ne dormait jamais
mieux qu'au bruit de la conversation ; et moi,
j'avais toutes les qualités d'un bon auditoire :
j'écoutais bien, et je croyais tout. Devenu, à
mon tour, chef de famille et maître de maison,
je n'a rien eu de plus pressé que d'y organiser,
une fois par semaine au moins, un petit souper
d'amis où je pusse parler à mon aise, et me dé-
dommager du silence que je gardais avec le
commandeur.

Les derniers événemens avaient suspendu nos
soupers hebdomadaires ; M. Moussinot fut le
premier à s'en plaindre, en m'assurant qu'il
manquait quelque chose à son bonheur depuis
que nous ne soupions plus ensemble. Comme je
tiens beaucoup à ce qu'il ne manque rien au
bonheur de M. Moussinot, qui contribue si généreusement à nos plaisirs, j'ai repris mes
bonnes habitudes, et nos convives ont été invi-
tés pour le second jeudi d'avril.

Madame Guillaume, à qui j'ai laissé le droit
de remontrance, et qui en use très-librement
en matière d'économie domestique, aurait bien
désiré, *vu la rigueur des tems*, que je m'abstinsse
d'une dépense qu'elle me surfait tant qu'elle

peut ; mais je suis venu à bout de lui prouver · qu'il ne pouvait y avoir en France de tems *rigoureux* que celui du despotisme ou de l'anarchie ; qu'on n'y pouvait craindre l'un ou l'autre sous un gouvernement fort et libéral ; que la force du gouvernement était principalement dans l'opinion publique , laquelle se formait dans les réunions particulières. Ces considérations d'intérêt général , dont je n'ai pas eu de peine à lui montrer les rapports avec l'intérêt de famille , qui la touche davantage , ont décidé Mme Guillaume à faire de très-bonne grâce les préparatifs de notre souper : elle nous a pourtant fait la petite malice de décorer elle-même le surtout , en y mêlant des fleurs qui ne croissent pas dans la même saison , et qui ne fleurissent pas ensemble.

Ce ne fut pas sans un vrai plaisir que nous nous trouvâmes encore une fois réunis : Duterrier, Clénord , Dubuisson , Moussinot , et le cousin Fréminville , qui revenait d'accompagner le Roi jusqu'à la frontière.

Nous nous mettions à table au moment où nous vîmes entrer, à notre grand étonnement, M. C***, ancien conventionnel, autrefois tu-

teur de ma femme, et retiré au fond d'une petite terre en Languedoc, d'où il sortait pour la
première fois depuis vingt ans, rapportant à
Paris, avec le costume, les manières et les
idées de 93. Je l'invitai à souper avec nous ; et,
sans trop de façon, il prit place entre Dubuisson
et Fréminville.

La séance s'ouvrit par une invitation (dont
l'inutilité ne lasse point ma femme) d'écarter
toute espèce de discussion politique : on le
promit ; nous allons voir comme on tint parole.

C....

Il faut convenir que les villes jouissent d'un
beau privilége, celui de rajeunir en vieillissant.
Je ne reconnais plus Paris ; des rues, des places,
des monumens, des quais nouveaux ! C'est le
triomphe des architectes.

CLÉNORD.

Jamais les arts, en France, n'ont brillé d'un
pareil éclat.

C....

Tant pis. Rome libre était de chaume, Rome
esclave était de marbre : les Fabricius ne lo-
geaient point dans des palais.

II.   8

DUBUISSON.

Vous conviendrez que le bon tems n'a pas été,
pour nous, celui des *Fabricius*.

C....

Il vous faut des César. Quoi qu'il en soit ,
n'avez-vous pas honte de transformer en marché le local célèbre des Jacobins ?

CLÉNORD.

C'est une halle d'une autre espèce.

C....

Votre rue de Rivoli est percée sur le terrain
qu'occupait la Convention nationale.

CLÉNORD.

Il ne fallait rien moins que le souvenir d'une
grande victoire pour faire oublier de grandes
folies.

C....

Que sont devenus les sections, les comités,
les clubs, tous ces monumens de la souveraineté
nationale ?

DUBUISSON. .

Cette souveraineté - là n'a jamais été plus

méconnue ou moins respectée que par les jacobins ; j'en appelle à votre bonne foi , M. C....

CLÉNORD.

Je soutiens que les royalistes *purs* allaient
plus directement au même but.

FRÉMINVILLE.

Qu'entendez – vous par royaliste pur, M. de
Clénord ? car l'esprit de parti commence toujours par dénaturer les mots.

CLÉNORD.

J'entends, Monsieur, ces petits seigneurs de
paroisse qui prétendaient avoir encore des vassaux, et les gouverner d'après le Code féodal
du 13e siècle.

FRÉMINVILLE.

Ce Code-là en valait bien un autre, et je n'ai
pas entendu dire que le peuple s'en trouvât plus
mal.

DUBUISSON.

Si vous appelez le peuple le clergé, la noblesse et les vilains anoblis.

FRÉMINVILLE.

C'est le beau peuple, du moins.

DUTERRIER.

Oui, mais ce n'est pas le bon. Le bon peuple,
n'en déplaise à M. de Fréminville, est celui qui
nourrit, qui défend, qui soutient l'Etat de son
bras et de son industrie; qui paie le quart du
produit de son domaine ou de son travail pour
que les gens, comme vous et moi, qui n'ont de
revenus que ceux des places qu'ils ne remplissent pas toujours, et des charges qu'ils occupent, puissent courir en cabriolet dans les rues
de Paris, et faire insérer leur nom tous les ans
dans l'Almanach impérial.

C....

Nous ne voulions pas de ces gens-là dans notre
république, et nous donnions le précepte et
l'exemple d'un noble désintéressement. J'ai ad-
ministré pendant trois ans les revenus de la république, et je me suis retiré avec un millier
d'écus de rente : citez-moi un surintendant de
vos rois dont on en puisse dire autant !

CLÉNORD.

Aussi ne battaient-ils pas *monnaie sur la place
publique.*

C....

On ne fait point de révolution à l'eau rose. Nous avions un but ; nous y marchions d'un pas ferme, et malheur à l'obstacle qui se trouvait sur notre chemin !

CLÉNORD.

Il est vrai que vous ne marchandiez pas plus votre vie que la nôtre, et que, pour peu qu'on vous eût laissé faire.... il n'aurait plus manqué à la France que des Français.

C....

Un pays a toujours assez d'hommes : c'est de liberté, d'égalité, de gloire qu'il a besoin.

MOUSSINOT.

Et de repos, Messieurs, vous n'en parlez pas, et c'est tout ce que nous vous demandons, nous autres bons bourgeois qui payons pour être gouvernés, pour être défendus ; qui nous soucions fort peu qu'on partage la Pologne, que Gênes soit libre ou asservie, que la Saxe soit gouvernée par Pierre au par Paul, et qui ne nous embarrassons pas plus que ce soit Murat ou Ferdinand qui règne à l'extrémité de l'Italie.

C....

De mon tems, M. Moussinot, les gens de
votre espèce s'appelaient des *modérés*, des *sus-*
pects, des *accapareurs;* je les avais signalés au
comité de surveillance, et nous aurions fini par
les *mettre au pas*.

DUTERRIER.

En leur coupant bras et jambes, n'est-il pas
vrai?.... Elle était au moins bien impolitique
cette manie de tourmenter cette masse inerte
d'honnêtes gens dont se composent en tout pays
les trois quarts de la nation, et qui n'ont d'autre
tort que d'attacher au mot patrie un sens un peu
étroit : doit-on leur faire un crime de penser que
le règne le plus glorieux est celui où ils dorment
tranquilles; de ne connaître de force militaire
que celle de la gendarmerie qui les préserve des
voleurs; d'administration, que celle de la police
qui veille à l'éclairage des rues, et d'état florissant pour le commerce que celui qui leur pro-
cure le sucre à 25 sous et le café à 30?

CLÉNORD.

Je ne verrais pourtant pas de mal à faire entendre à M. Moussinot, et à toute la classe vé-

nérable qu'il représente, que la gloire nationale est, dans un grand état, la seule base de la
prospérité publique, laquelle, en dernière ana-
lyse, se compose de toutes les prospérités particulières. Je ne désespère pas de lui faire entendre qu'un bon traité de commerce ne s'obtient jamais que par la victoire; que les colonies
ne prospèrent qu'à l'aide d'une marine; que la
paix, pour être solide, pour être durable, veut
être conquise; qu'une grande nation, pour être
heureuse, doit être respectée; et que l'idée de
bonheur, chez les Français, ne s'alliera jamais
avec la certitude, je dirai même avec l'apparence de l'humiliation.

DUTERRIER.

Ajoutez que la révolution, en dédommage-
ment de tous les maux qu'elle a causés, nous a
laissé le besoin impérieux d'une liberté sage et
d'un gouvernement qui nous en assure le bienfait; nulle puissance humaine ne peut désormais
régner sur la France que sous la garantie d'une
constitution libérale, conforme aux vœux de la
nation et aux lumières du siècle, dont rien ne peut
arrêter les progrès.

FRÉMINVILLE.

Et tout cela ne peut s'obtenir qu'avec Napoléon ; car c'est là, je le vois bien, où vous en voulez venir.

CLÉNORD.

N'achevez pas ma pensée ; je vous la dirai tout entière : La France, désabusée des conquêtes, ne pouvait cependant consentir à descendre au rang subalterne qu'on prétendait lui assigner sous ses rois ; un seul homme pouvait la tirer de cet état d'abaissement ; il ne remonte au trône que pour faire respecter la nation qui le choisit de nouveau pour son chef. Il n'a plus rien à faire pour sa gloire et pour la nôtre ; l'épée de Marengo et d'Austerlitz brille encore entre ses mains, mais seulement pour la défense de la patrie.

FRÉMINVILLE.

Une aggression injuste peut le forcer à de nouvelles victoires : arrêtera-t-il l'élan de son armée ? et vous chargerez-vous alors de mettre un terme à son ambition ?

CLÉNORD.

Oubliez-vous que les assemblées du Champ-de-Mai vont s'ouvrir, et que nous aurons une constitution qui fixera invariablement les devoirs du prince et les droits de la nation ?

C....

Qu'il nous garantisse la liberté publique, sous quelque forme de gouvernement que ce soit, et je suis des vôtres et des siens.

FRÉMINVILLE.

Malgré mon vieil attachement à la famille des Bourbons, si j'étais sûr qu'il nous tînt parole.... Mais je le connais bien, et il n'y faut pas compter.

MOUSSINOT.

Qu'on abolisse les droits réunis, qu'on n'augmente pas la contribution foncière, et qu'on me paie exactement mes rentes, on verra comme je crierai *vive l'Empereur!*

Mme GUILLAUME.

Eh bien, Messieurs, vous m'aviez bien promis de ne point parler de politique; voilà le souper fini : de quoi a-t-il été question? Je vous ai écoutés fort attentivement, et je ne vois qu'une chose à conclure de tous vos beaux raisonnemens : c'est que les hommes finissent toujours par s'entendre, quand la raison vient au secours de l'intérêt particulier.

N° XL. — 11 *avril* 1815.

LE FOYER DES THÉATRES.

———

...Strenua nos exercet inertia.
Hor., *Ep.* 5.

Une paresse laborieuse s'empare de toutes
nos facultés.

« Il y a vingt-cinq ans que je n'ai mis le pied
au spectacle (me disait l'autre jour, en dînant
chez moi, un vieux procureur qui s'est retiré du
Palais avec vingt mille livres de rente, et une
réputation d'esprit et de probité qu'un demi-
siècle passé dans l'antre de la chicane n'a pu
lui faire perdre). Comme un autre, et plus
qu'un autre, continuait-il, j'ai été possédé de la
fureur du théâtre. Je n'avais pas quinze ans,
que je m'esquivais à quatre heures de l'étude
où j'étais déjà confiné, pour aller attendre, au
café Procope, le neveu d'un acteur nommé
Paulin, avec lequel j'avais été en pension, et

qui me faisait entrer aux Français par la porte
des comédiens. Je restais tapi toute la soirée
dans un coin de théâtre, d'où je jouissais à-la-
fois du triple spectacle de la salle, de la scène
et des coulisses. A force de me voir, les comédiens en prirent l'habitude ; l'amitié que me
témoignait Préville m'attira la bienveillance de
Grandval, de Dangeville, d'Armand et même
de Lekain. En grandissant, je me fis également
bien venir des actrices (car il est bon que vous
sachiez, mon cher Guillaume, que j'ai eu mes
vingt ans comme un autre, et qu'alors je ne por-
tais pas cette perruque dont vos enfans rient de
si bon cœur).

» En y pensant bien, le plus beau jour de
ma vie fut peut-être celui où je reçus (à la suite
d'un repas que nous avions fait au Gros-Caillou)
mes grandes et petites entrées à la Comédie-
Française. Le soir même, on me fit reconnaître
depuis le cintre jusqu'au trou du souffleur, dans
lequel je me plaçai dans plus d'une grande circonstance où je ne trouvai point à me loger
ailleurs.

» J'ai fait mes premières armes au théâtre
sous le chevalier de la Morlière, qui jouissait,

chez Procope, d'une bruyante réputation. Sa
bravoure, son ton leste et moqueur, ses manières originales m'avaient inspiré beaucoup de
respect, et le dévouement que je montrai pour
sa cause, le jour de la seule représentation qu'ait
eue son *Amant Déguisé*, me plaça très-avant
dans ses bonnes grâces ; il me présenta comme
un amateur d'une grande espérance à tous les
habitués du foyer, et me fit l'honneur de m'admettre dans sa société intime. Les démêlés fré-
quens qu'il avait avec la police, l'obligation où
j'étais, la moitié de l'année, de lui faire mes
visites au Fort-l'Evêque, refroidirent et finirent
par rompre notre liaison.

» Les foyers n'étaient pas alors ce qu'ils sont
aujourd'hui ; on n'y rencontrait guère que des
acteurs émérites, de vieux habitués, des auteurs, et quelques hommes de cour qui confon-
daient, le plus souvent, l'amour de l'actrice
avec l'amour de l'art. On se rassemblait autour
de la cheminée, dans les entr'actes et à la fin
du spectacle, pour y discuter le mérite des ouvrages que l'on venait d'entendre, et des acteurs qui les avaient représentés. Marmontel,
Diderot, Duclos, Laharpe, tenaient habituel-

lement le dé dans ces conférences, où Dubreuil,
Deschamp et la Thorillière apportaient leur con-
tingent de vieux souvenirs, tandis que Saint-
Foix égayait l'assemblée en mystifiant Poinsinet.

» Vous concevez tout ce qu'une pareille réunion pouvait offrir d'instruction et d'intérêt,
particulièrement les jours de première représentation. Le jugement sur la pièce nouvelle se
revisait au foyer; on y cassait souvent les arrêts
du parterre; et comme les auteurs dominaient
dans cet aréopage, on s'y montrait d'une extrême sévérité pour les succès, et d'une grande
indulgence pour les chutes. Quelques financiers,
qui venaient digérer en dormant au spectacle,
entraient au foyer pour s'y faire une opinion sur
la pièce qu'ils n'avaient pas entendue; les jour-
nalistes y recueillaient des observations et des
traits de critique dont ils assaisonnaient leurs
articles hebdomadaires; et plus d'un grand seigneur, après avoir lâché quelques bonnes im-
pertinences dont on se moquait avec beaucoup
de liberté, sortait du foyer pour se rendre à Versailles, et y débiter contre la pièce nouvelle des
bons mots qu'il n'avait eu que la peine de retenir.
Les soupers du grand monde en vogue à cette

époque, et dont les anecdotes de coulisses et les nouvelles littéraires faisaient en grande partie les frais, n'étaient que l'écho des foyers.

» Celui de l'ancienne Comédie - Française perdit ses avantages lorsque ce théâtre, en 1782, fut transféré au faubourg Saint-Germain, et que de nouvelles dispositions mirent la foule en possession du foyer, jusque-là réservé à un petit nombre d'amateurs. Aujourd'hui, on se promène, on chuchotte dans vos foyers, et l'on n'y cause plus; les gens de lettres qui en faisaient le charme ont eu des successeurs au mérite desquels je veux bien croire, pour ne me faire de querelle avec personne; mais leur caractère a je ne sais quoi d'âcre, d'insociable, qui leur fait craindre de se trouver ensemble. Le Mierre avait un amour-propre excessif, Marmontel était tranchant, Chamfort emportait la pièce; mais ces défauts étaient compensés par de la franchise, de la justice, et une grande sûreté de commerce: qualités sans lesquelles il ne peut y avoir de réunion durable. On se rencontre maintenant, mais on ne se cherche pas : on se pelotonne, au lieu de se réunir. Vous en avez conservé le nom, mais vous n'avez plus de foyer. »

« De votre aveu (répondis-je à mon vieux procureur), il y a vingt ans que vous n'êtes entré dans une salle de spectacle ; ainsi je puis croire que vous mettez vos préventions à la place de vos observations , et je suis résolu à ne céder, sur ce point , qu'après vous avoir mis à même de comparer. »

Ce ne fut pas sans peine que je le décidai à m'accompagner le lendemain à la Comédie-Française. Le bon homme ne doutait pas qu'on ne lui eût conservé ses entrées ; et, pour lui épargner , à la porte , l'affront d'un refus , qui l'aurait indisposé , je m'étais muni d'avance d'un billet , que je glissai sans qu'il s'en aperçût dans la main du contrôleur; mon vieux compagnon prit pour lui le salut que cet homme m'adressa : « Il me reconnaît , me dit-il avec un air de satisfaction , et j'ai moi-même quelque idée... Ah ça ! conduisez-moi , ajouta-t-il ; votre Comédie-Française est pour moi un vrai labyrinthe. Il y a quarante ans, je la connaissais comme mon étude.... » Je le menai d'abord au foyer : il y entra chapeau bas , regardant tout le monde d'un air tout-à-fait original ; il s'approcha de la cheminée , où deux personnes parlaient des débuts de Préville : « C'était en 1750 , disait l'un. — Vous ne vous trompez que de dix ans , répondait l'autre ; Préville a débuté , en 1760 , dans *les Fourberies de Scapin.* — Vous voulez dire dans les cinq rôles du *Mercure Galant ;* pour ce fait-là , j'en suis sûr. » Grand débat , pendant lequel mon procureur , d'un air capable et railleur que je me plaisais à observer , faisait tourner sa tabatière d'or entre le pouce et l'index de la main gauche , en fredonnant un vieux refrain ; à la fin , n'y pouvant plus tenir : « Permettez-moi , Messieurs , d'user du triste avantage que me donnent sur vous mon âge et ma qualité de témoin du fait dont vous vous entretenez : Préville a débuté le 20 septembre 1753 , par le rôle de Crispin du *Légataire Universel.* » L'assurance avec laquelle il parlait fixa l'attention sur lui, et , sans ajouter un mot , il alla s'asseoir sur une banquette , attendant qu'une nouvelle bévue lui donnât lieu de placer une nouvelle anecdote. Pendant que nous prêtions l'oreille à une discussion très-vive , élevée entre deux auteurs , dont l'un contestait à son confrère le droit de *tomber* avant lui (droit qu'il s'était acquis au moyen d'un ordre surpris au

surintendant , pour être joué le premier), une
scène d'une autre nature venait de se passer au
parterre : les partisans de deux actrices rivales ,
qui se faisaient mutuellement siffler par des
hommes à leurs gages , s'étaient pris de querelle,
et les choses en étaient au point de rendre nécessaire l'intervention de la force armée.

« Messieurs (dit le procureur à quelques personnes qui faisaient le récit de ce qui venait de
se passer), il n'en était pas ainsi de mon tems ;
jamais je n'ai vu mademoiselle Clairon faire siffler mademoiselle Dumesnil ; le parterre était
alors un tribunal , et non pas une arène; il est
indécent que les plaisirs de deux mille personnes
soient troublés par une vingtaine de polissons
qui se sont fait un métier de leur infamie. *Ce
droit de siffler , qu'à la porte on achète en entrant*,
ne peut s'entendre que des pièces nouvelles et
des débuts ; encore ne devrait-il s'exercer qu'à
la fin de l'acte ou de la pièce , où , sans nuire
aux plaisirs de l'assemblée , le bruit des sifflets
peut avantageusement remplacer l'orchestre des
Français , composé de tous mes contemporains.
—Fort bien , Monsieur, reprit un jeune homme;
mais , de votre tems , quand un acteur manquait

au public.... — Il était sévèrement puni : on
ne contestait point aux comédiens les égards et
la considération auxquels le talent et la conduite ont de si justes droits ; ils jouissaient,
dans la vie privée, de tous les priviléges des
autres citoyens ; mais on pensait qu'une fois le
rideau levé, l'acteur est l'esclave du public, au
plaisir duquel il est voué par état, et qu'il doit
respecter, même dans ses caprices : c'était la
seule partie de l'administration théâtrale qu'en-
tendissent bien les gentilshommes de la chambre, et la seule à laquelle vos surintendans n'ont
jamais rien entendu. Je dis encore aujourd'hui
ce que je disais alors : enterrez vos comédiens
quand ils meurent ; mais punissez-les quand ils
s'oublient. Mademoiselle Clairon soupait avec
les hommes, et, qui plus est, avec les femmes les
plus distinguées de la cour ; ce qui ne l'empêcha
pas d'aller passer huit jours au Fort-Lévêque.

» La police des spectacles est difficile à faire ;
le régime des comédiens suppose la connaissance
d'une foule de petites manœuvres que le public
ignore, parce qu'elles se pratiquent derrière la
toile, mais qui finissent toujours par influer directement ou indirectement sur ses plaisirs... »
Là, mon vieil amateur fut intorrompu par un

homme à voix grêle , qui , d'un ton de tragique
bourgeois , où il entrait quelque peu de métier ,
lui dit , en relevant sa cravate : « Monsieur, je
vous observe..... — C'est , je vous fais observer , qu'il faut dire , interrompit le procureur
en prenant une prise de tabac. — Eh bien ! je
vous fais donc observer, Monsieur , que les comédiens , dans leur foyer , sont chez eux; que
tout ce qui peut s'y faire ou s'y dire doit être
considéré comme affaires de famille , comme des
actions de la vie privée, où l'on ne me fera jamais entendre que le public et les journaux aient
le droit de s'immiscer. — Ce que vous me faites
l'honneur de me dire n'est pas absolument
juste , répliqua le procureur; j'ai passé près de
quarante ans de ma vie dans votre foyer , dans
ce sanctuaire où vous prétendez être à l'abri de
la censure publique; mais où je pense , moi ,
qu'elle aura droit de vous poursuivre aussi long-
tems que le public sera aussi immédiatement
intéressé aux affaires qui s'y traitent et aux abus
qui s'y glissent. N'est-ce pas dans votre foyer
que se trament ces petites intrigues qui ont pour
but ce que vous appelez des *réceptions de canapé* ?
réceptions dont le moindre inconvénient est
d'inonder le théâtre d'une foule de pièces mé-

diocres? N'est-ce pas dans votre foyer que les chefs d'emploi se distribuent des congés pendant la durée desquels leurs rôles sont abandonnés à des *doubles* ? N'est-ce pas là que se fait le répertoire de la semaine , qui se divise en *grands* et en *petits jours* , c'est-à-dire , en bonnes et mauvaises représentations , comme si le prix des places n'était pas toujours le même ? N'est-ce pas là que s'organisent les cabales pour empêcher les débuts ? N'est-ce pas au foyer que s'élèvent ces querelles politiques qui ont tant d'influence sur votre administration intérieure ? qui font que vous refusez de jouer dans la pièce de tel auteur , ou de paraître en scène avec tel de vos camarades dont les opinions diffèrent des vôtres ? Vous voyez , Monsieur , que je suis initié dans les mystères du foyer , et que si j'en révèle quelques-uns , c'est pour que vous me sachiez gré d'en taire beaucoup d'autres.

» Mais je ne suis cependant pas injuste, et je sais aussi le bien qu'on peut en dire. Les foyers intérieurs sont , pour les jeunes comédiens, une excellente école : c'est là qu'autour de la cheminée , où siégent les vieux acteurs , ils entendent développer et réduire en précepte une théorie de l'art d'autant meilleure qu'elle

est fondée sur une longue expérience ; c'est là
que les bonnes traditions se conservent dans
toute leur pureté. Une conversation de Talma,
de Fleury, vaut mieux, pour un jeune acteur
intelligent, que trois ans de théâtre. Dugazon
m'a souvent dit qu'il ne jouait jamais mieux un
rôle qu'après avoir causé une heure avec Préville.

» Les foyers ne sont pas inutiles aux jeunes
auteurs ; ils vont y étudier ce qu'on appelle aujourd'hui le métier, et ce que, de mon tems, on
nommait un peu durement le *cabotinage ;* cet
art là n'est point à dédaigner, et j'ai connu plus
d'un auteur de mon tems qui lui a dû tous ses
succès. On m'assure que ceux du vôtre y sont
passés maîtres.

» Dans le foyer, plus communément encore
que dans le monde, le caractère perce à travers
le costume du personnage. L'éloquent *Cicéron*
s'y dispute avec le tailleur pour mettre un lé de
moins dans sa robe de consul ; le républicain
Brutus sollicite l'honneur d'aller faire antichambre chez un chambellan ; la prude *Arsinoé* fait
les doux yeux à un receveur-général, et *Pasquin*
traite du haut de sa grandeur l'auteur de *la
Métromanie.* »

Je ne sais pas où se serait arrêté notre homme, dont l'éloquence allait croissant avec les auditeurs qui faisaient cercle autour de lui, si l'un des garçons de théâtre n'était venu prévenir que le spectacle était fini depuis trois quarts d'heure, et n'eût forcé l'auditoire à s'écouler, en se mettant en devoir d'éteindre les quinquets.

Comme l'amour-propre ne perd jamais ses droits, le vieux procureur, ravi de l'effet qu'il avait produit, et de l'attention avec laquelle on l'avait écouté, sortit en convenant que les foyers étaient mieux composés qu'il ne le croyait, et en se promettant bien d'y revenir quelquefois.

N° XLI. — 18 *avril* 1815.

UN SOUPER DE FEMMES.

———

> Les lois romaines ne permettaient aux femmes
> de parler qu'en présence de leurs maris ; toute
> curiosité sur les affaires d'état leur était expres-
> sément défendue : ces lois-là ne sont point en
> vigueur en France.
>
> PALISSOT

« Qu'est-ce donc, Mme Guillaume? pourquoi
ces préparatifs de souper? Ce n'est point aujourd'hui mon jour. — Non, Monsieur, mais
c'est le mien. Vous avez pris l'habitude de me
faire souper une fois par semaine avec une demi-
douzaine d'amis, qui font de ma maison un club
où il n'est question que de politique et d'affaires
d'état; vous voudrez bien permettre, à votre
tour, que je reçoive de tems en tems quelques
amies avec qui je puisse causer d'objets plus in-
téressans pour les femmes, et sur-tout moins en-
nuyeux. — J'entends, vous rétablissez la fête

des mystères de la bonne déesse ; prenez garde,
Mme Guillaume, qu'il ne s'y glisse quelque Clo-
dius ; ce n'est pas pour y veiller moi-même, je
vous prie de le croire, que je sollicite de vous
la faveur d'être du nombre de vos convives. —
Vous vous ennuierez de notre commérage ; mais
c'est une revanche que vous me devez ; je la
prendrai avec un grand plaisir, et sans la
moindre pitié, je vous en préviens ; car nous
n'aurons que des femmes. — La menace ne
m'intimide pas du tout, et vous verrez, Madame, que je ne suis pas encore aussi déplacé
que vous paraissez le croire dans un cercle de
cette espèce. — Vous vous décidez à passer deux
heures sans dire et sans entendre un mot de politique ? — D'autant plus volontiers que je ne
fais aucun cas de la politique des femmes, si
vous me permettez de vous le dire. — Aux
sottises qu'elle fait commettre ou débiter aux
hommes, je ne vois pas trop sur quoi ils éta-
blissent le privilége qu'ils s'en réservent ; quoi
qu'il en soit, nous ne le leur envions pas. Atten-
dez-vous qu'il ne sera guère question que d'affaires de ménage, d'enfans, de modes, de parure.
— Le tout assaisonné d'un grain de médisance, et

voilà sur quoi je me sauverai. — Vous êtes pré-
venu, c'est votre affaire. »

Il existe entre Mme Guillaume et moi une convention tacite pour maintenir entre nous la bonne
harmonie; convention sur laquelle nous ne nous
sommes jamais expliqués, et qui ne s'en exécute pas moins fidèlement; on n'en peut pas
dire autant de beaucoup de traités écrits, lon-
guement discutés avant leur rédaction, et jurés
le plus solennellement du monde.

En vertu de ce pacte conjugal, il est convenu
que je serai le maître absolu chez moi, que j'y
serai investi de cette toute-puissance que Molière a conférée *au côté de la barbe*, et que néanmoins, pour balancer mon autorité sans limite,
je la soumettrai aux désirs de Mme Guillaume,
qui auront force de loi dans la maison. Il résulte
de cet équilibre de pouvoirs que celui qui m'est
garanti par la charte de famille est purement no-
minal, et que ma femme gouverne par le fait.
J'ai souvent pensé à lui proposer un acte additionnel qui modifie nos constitutions matrimo-
niales; mais, après avoir bien consulté la force
de ma volonté et la persévérance de la sienne,
je n'ai pas cru prudent de remettre en question

l'examen de nos droits réciproques; j'ai pris
exemple sur plus d'un grand roi qui jouit tout
juste du pouvoir absolu que j'exerce, et dont
les premiers ministres se contentent des droits
de Mme Guillaume.

Après avoir pris, comme on vient de le voir,
mes ordres souverains sur le souper qu'elle avait
provisoirement arrangé, ma femme, par suite
de cette déférence dont elle s'est fait une loi,
vint m'apporter la liste de ses convives.

La première était Mme de Courville, jolie petite femme de dix-huit ans, mariée depuis deux
ans à un receveur-général qui la laisse à Paris,
chez sa mère, sans lui imposer d'autre obligation que de venir annuellement séjourner deux
mois dans son département pour y faire les honneurs de la recette générale : pendant deux
autres mois de congé, que son mari vient passer
à Paris, il sort si peu de l'antichambre et des
bureaux du ministre, que sa femme s'aperçoit à
peine de sa présence. Courville économise beaucoup en province, mais il exige que Madame dépense beaucoup à Paris, et elle se conforme à ses
volontés avec une docilité qui fait le plus grand
honneur à son caractère : elle a réglé sa maison

sur le pied de trois grands dîners par semaine :
l'un , de grands personnages dont elle fait des
protecteurs à son époux ; le second, d'artistes,
pour suivre l'usage de la haute finance, qui se
croit obligée de protéger les arts ; le troisième
est un tribut qu'elle paie au grand monde , et
dont elle s'acquitte avec une grâce , une élégance
qui éloigne toute idée d'ostentation : en femme
d'ordre , et pour faire face aux dépenses de
l'hiver, elle économise pendant la belle saison,
qu'elle passe à la campagne avec une vingtaine
d'amis qui vont s'enterrer avec elle au fond d'un
château , à quatre lieues de Paris.

La seconde personne, par ordre d'invitation,
était Mme Dubreton, petite espiègle de quarante-
cinq ans, à qui l'on n'en donnerait pas plus de
quarante aux lumières, et dont un corset de
Mme Coutant redresse si bien la taille, qu'il faut
un œil de femme pour y découvrir une de ces
légères imperfections que la jalousie s'amuse
quelquefois à relever en bosse. Mme Dubreton
est l'oracle des modes ; elle en parle d'autant
mieux, qu'elle en fait, depuis trente ans, l'u-
nique affaire de sa vie.

Mme Destillet, femme d'un riche négociant,

est bien la plus drôle de chose animée dont le
Ciel ait jamais égayé la création. Rien n'est en
place, ni dans sa figure, ni dans ses manières, ni
dans son esprit ; c'est un désordre, un décousu
qui ne ressemble à rien : dans un quart d'heure
elle parle de vingt choses différentes, elle avance
vingt propositions qui se contredisent, se réjouit
et s'afflige des mêmes événemens ; dénigre dans
le même moment, et quelquefois dans la même
phrase, celui dont elle a commencé l'éloge; on
se demande comment une tête humaine peut
fournir à cette succession d'idées incohérentes,
et comment un cœur de vingt-deux ans peut
loger tant de contrastes inexplicables. Mme Destillet est jolie, mais sa physionomie est si mobile,
qu'il est impossible d'en assigner le caractère ;
ses yeux, tour-à-tour indécis, brillans, langou-
reux, varient d'expression aussi souvent que sa
bouche, et il n'y a pas plus à se fier à son dernier regard qu'à sa dernière parole.

Il est difficile d'avoir des prétentions plus
gothiques que Mme de Fonval, dont le mari,
avant la révolution, était avocat-général près
d'une cour souveraine de province. Elle est venue
s'établir à Paris avec toute sa famille, et, en

qualité de femme de l'ancienne robe, elle s'est logéé au Marais, dans l'hôtel d'un ancien président au parlement. Elle a passé le tems de la restauration dans l'antichambre du chancelier, à solliciter pour son mari la présidence de la cour de cassation qu'elle se flattait d'obtenir, lorsque la révolution du 20 mars est venue renverser ses espérances. Depuis, on a eu l'insolence d'offrir à M. de Fonval une place de juge dans un tribunal de première instance; on sent tout ce que doit avoir d'odieux un gouvernement qui déjoue d'aussi justes prétentions: aussi Mme de Fonval s'est-elle hautement prononcée contre le nouvel ordre de choses; sa maison est le rendez-vous des nouvellistes de la Belgique; c'est là que se fabriquent les bulletins officiels de la coalition, et que s'arrête le plan de campagne des douze cent mille hommes prêts à entrer en France pour rendre la simare à M. de Fonval.

Mme de la Mesnardière, veuve d'un ancien officier de la garde-robe, est affligée d'une soixantaine d'années au moins, et d'une surdité qui ne lui permet pas de suivre le fil de la conversation; ce qui ne l'empêche pourtant pas d'y prendre une part très-active, et d'y placer,

à tort et à travers, des observations qui donnent lieu, de tems en tems, à de singuliers
quiproquos.

La sixième et dernière de nos convives était
Mme d'Amblemont, femme d'un officier de la
vieille garde, qui a suivi l'Empereur à l'île
d'Elbe. Sa beauté irrégulière a quelque chose
de l'indépendance de son esprit : à la première
vue, on est surpris de ses manières un peu
trop franches, de son ton un peu cavalier; mais
on s'accoutume bientôt à des formes qu'enno-
blissent un esprit cultivé, une belle ame et un
noble caractère.

Ces dames arrivèrent presque toutes ensemble.

Mme DE COURVILLE.

« Vous nous manquez de parole, ma chère ;
vous nous aviez promis que nous n'aurions point
d'homme.

Mme GUILLAUME.

Mon mari demande une exception en sa faveur.

M. GUILLAUME.

Je me retirerai, si ces dames l'exigent.

Mme DESTILLET.

Restez, Monsieur, restez ; un homme ne gâte jamais rien.

Mme DE FONVAL.

J'arrive un peu tard, et je craignais de vous trouver à table ; mais je n'ai pas perdu mon tems : je sors de chez ma cousine la comtesse d'Ancenille, et j'en rapporte les déclarations du congrès. »

Bon gré malgré il fallut en entendre la lecture ; et ce fut en vain que j'essayai de prouver à cette dame que la plupart de ces nouvelles étaient démenties par leur date, et que les autres reposaient sur des suppositions d'événemens qui ne s'étaient point réalisés. « Il y a des gens qu'on ne persuade jamais, interrompit Mme de Fonval, en remettant toutes ses pièces diplomatiques dans son sac à ouvrage.

Mme DUBRETON.

Pardon, ma chère amie, si j'arrive faite comme je suis ; j'ai presque l'air d'une vieille femme : c'est qu'en vérité j'ai passé une nuit

affreuse. Si je n'avais pas craint de vous déso-
bliger, je ne serais pas sortie de chez moi.

Mme DE FONVAL.

Eh, Madame, on ne s'occupe guère de toilette au milieu de tant d'intérêts politiques....

Mme DESTILLET.

De la politique ! bon Dieu, quel casse-tête !
je n'y entends rien et ne veux rien y entendre ;
je brouille tout dans ma tête : le congrès, les
alliés, les ennemis, tout cela est la même chose
pour moi.

Mme GUILLAUME.

C'est raisonner très-juste que de raisonner
ainsi.

Mme DE FONVAL.

Ces dames ne savent pas, apparemment, que
l'on fortifie Paris.

Mme DE COURVILLE.

Comment, fortifier Paris ! mais c'est une horreur ! Nous reverrions encore ces vilains cosaques qui m'ont fait tant de peur l'année dernière ?

Mᵐᵉ DE LA MESNARDIÈRE.

Et moi aussi je les ai vus avec un bien grand plaisir, l'année dernière, ces pauvres princes!... »

On riait de l'à-propos, lorsque Mᵐᵉ d'Amblemont entra. Elle était vêtue très-simplement ; mais elle portait sur son chapeau un gros bouquet de violette, qui parut scandaliser beaucoup Mᵐᵉ de Fonval.

Mᵐᵉ GUILLAUME.

« Vous voilà enfin, ma chère Adèle! comment se porte le général ?

Mᵐᵉ D'AMBLEMONT.

Fort bien, ma bonne amie, mais très-occupé, comme vous pouvez croire; il part après-demain pour Valenciennes, où j'irai le joindre si la guerre recommence.

Mᵐᵉ DE COURVILLE.

Vous avez bien du courage, Madame; pour moi, je n'entends jamais parler de guerre sans frémir.

Mᵐᵉ D'AMBLEMONT.

Vous y avez perdu sans doute quelqu'un qui vous était cher ?

Mme DE COURVILLE.

Ma jolie maison de Montferneuil, que ces maudits cosaques m'ont pillée de fond en comble. J'ai été obligée d'y faire remettre pour vingt mille francs de glaces; et pourtant j'avais une sauve-garde du général Sacken.

Mme D'AMBLEMONT.

On se console de ces malheurs-là, quand on est digne d'en éprouver d'autres. »

On vint annoncer que le souper était servi, et l'on se mit à table. Quelque habitude que j'aie d'observer, et quelque fidèle que soit ma mémoire, je ne puis me flatter d'avoir retenu la dixième partie des saillies, des futilités, des choses gaies, sérieuses, folles ou raisonnables qui se sont dites dans une conversation de trois heures entre sept femmes d'humeur, d'inclinations et d'opinions si différentes : je me souviens seulement que le souper finit par une rupture.

Mme DUBRETON.

« Laissons la politique et parlons de choses plus sérieuses. Savez-vous, Mme de Courville, que vous avez là une garniture d'un goût ex-

quis? C'est de chez Mme Germont, n'est-il pas
vrai? Décidément, je quitterai Leroi.

Mme DE COURVILLE.

Il est toujours le premier homme de son
siècle pour les chapeaux; témoin celui de
Mme d'Amblemont: c'est un amour.

Mme DE FONVAL.

Les fleurs pourraient être mieux posées et
mieux choisies, si j'ose le dire.

Mme DESTILLET.

Pourquoi pas? Je connais beaucoup de femmes
qui n'aiment point la violette, c'est l'emblême
du *retour*.

Mme DE LA MESNARDIÈRE.

On parle de femmes sur le retour; cela nous
regarde, Mme de Fonval.

Mme DE FONVAL.

Quand on entend tout de travers, ne pour-
rait-on pas se dispenser de se mêler de la conversation?

Mme GUILLAUME.

En fait de retour, je n'en crains plus qu'un;
c'est celui de nos chers alliés.

Mᵐᵉ D'AMBLEMONT.

Vous ne les reverrez plus; soyez tranquille.

Mᵐᵉ DE FONVAL.

Je n'en jurerais pas.

Mᵐᵉ DESTILLET.

Vous! vous le parieriez.

Mᵐᵉ DE COURVILLE.

Comment! nous reverrions ici ce petit colo-
lonel Oursikow, qui me faisait si drôlement la
cour, en couchant toutes les nuits sur un banc
de pierre, à la porte de mon hôtel! Il était assez
aimable pour un Tartare.

Mᵐᵉ D'AMBLEMONT.

Pour moi, j'ai tous ces gens-là en horreur;
et je ne conçois pas qu'on en parle sans indignation.

Mᵐᵉ DE FONVAL.

Le mari de madame est un des braves qui
nous ont ramené Bonaparte... cela se voit.

Mᵐᵉ D'AMBLEMONT.

Je vous demande pardon, madame; mon
mari est un des braves qui ne l'ont pas quitté.

Mᵐᵉ DE FONVAL.

Excellente raison pour haïr ses ennemis !

Mᵐᵉ D'AMBLEMONT.

Ses ennemis, madame, ce sont les nôtres, ce sont ceux de la France.

Mᵐᵉ DE FONVAL.

Chacun voit la France dans son parti.

Mᵐᵉ D'AMBLEMONT.

Mon parti est celui de la gloire, de la liberté nationale.

Mᵐᵉ DE FONVAL.

En un mot, celui du peuple.

Mᵐᵉ D'AMBLÉMONT.

Et le vôtre, celui de la noblesse peut-être. Dans ce cas, nous faisons toutes deux preuve de désintéressement !

Mᵐᵉ DE FONVAL.

Que voulez-vous dire, je vous prie ?.... »
Mᵐᵉ Guillaume eut beau rompre vingt fois la conversation, parler de spectacles, de mariage,

d'anecdotes récentes, de *la Pie Voleuse*, de la *Vénus Hottentote :* la maudite politique revint toujours; les paroles s'aigrirent, l'humeur s'en mêla, les reparties devinrent des éprigrammes; et ces dames se quittèrent fort mécontentes les unes des autres, et bien résolues de ne se revoir que lorsque l'hiver aurait passé sur les fleurs.

N° XLII. — 25 *avril* 1815.

LE DÉMÉNAGEMENT.

—

.... *Quò fit ut omnis*
Votiva pateat veluti descripta tabella
Vita. ....
HORACE.

Il retrace dans son livre les différentes scènes de la vie, comme dans ces tablettes votives où sont représentés les divers accidens d'un naufrage.

« JE suis l'homme le plus malheureux du monde, me disait un de mes amis qui jouit, à quarante ans, de 25 ou 30,000 livres de rente, d'une bonne santé et d'une grande considération. » Sur l'observation que je lui faisais de tant d'avantages qui semblaient donner un démenti si formel à ses plaintes : « Vous ne faites pas entrer en ligne de compte, continua-t-il, les contrariétés de toute espèce, les tracasseries domestiques qui m'assiégent, et auxquelles j'ai le malheur d'être extrêmement sensible. Les

grands chagrins sont rares, ils ont un terme
que l'espérance vous laisse entrevoir au moment
qu'ils commencent : les peines de l'ame, quelque vives qu'elles puissent être, sont des situations de la vie que vous avez prévues, auxquelles l'expérience des autres a pu vous pré-
parer, où vous finissez quelquefois par trouver
un certain charme ; mais ces tribulations de
toutes les heures, ces petites vexations sourdes
qui s'emparent d'un homme au sortir de son
lit et le harcèlent tout le long du jour, voilà
ce qui rend la vie insupportable, et ce dont je
consentirais à me débarrasser au prix d'une
belle et bonne infortune. »

Après m'être un peu moqué de ses doléances,
je finis cependant par convenir avec lui qu'il y
avait quelque chose de très-réel dans ce malheur imaginaire, auquel les hommes de lettres
sont plus exposés que les autres. Combien de
circonstances frivoles, d'incidens, légers en apparence, se succèdent ou se réunissent pour
harceler un pauvre auteur jusque dans le cabinet où il s'enferme ! Une pensée neuve ou piquante se présente à son esprit, revêtue de
l'expression la plus heureuse ; il craint de la

perdre, et va l'écrire : mais une porte s'entr'ouvre, et crie aigrement sur ses gonds; mais
un rayon de soleil tombe d'aplomb sur ses
yeux; un orgue de Barbarie s'obstine à jouer
sous ses fenêtres ; sa cheminée fume, ses enfans
crient; sa femme, sous prétexte d'arranger et
de parer sa bibliothèque, s'est avisée, pendant
son absence, de classer ses livres par ordre de
format et de reliûre, sans égard à leur division
par ordre de matières, en sorte qu'il passe des
heures entières à chercher le volume dont il a
besoin : on ne finirait pas si l'on s'imposait la
tâche d'énumérer seulement les contrariétés
de toute nature qui empoisonnent la vie la plus
heureuse, et dont l'habitude ne fait qu'aggra-
ver le supplice.

Au nombre de celles que je supporte le plus
impatiemment, je compte l'ennui de déménager.
Je ne connais pas d'accident qui bouleverse
plus complètement les idées d'un homme qui
fait métier d'en avoir deux de suite, que cette
ennuyeuse opération, à partir de l'obligation
préalable de donner congé en tems utile, sous
peine de payer un ou deux termes de plus d'un
loyer dont vous ne jouissez plus, jusqu'à la

nécessité de payer six mois d'avance pour un logement dont vous ne jouissez pas encore.

Si jamais, comme Guillaume Penn, je fais bâtir une ville, je veux que chaque habitant y soit propriétaire de sa maison ou de sa cabane, et j'abolirai, par une loi expresse, avec le singulier commerce de faire payer un asile, les trois quarts des procès civils qui n'ont pas d'autre source. Comme cette loi n'existe pas à Paris, et qu'il n'est pas probable qu'elle s'y établisse de long-tems, il faut, à défaut d'une maison à soi, se loger dans celle des autres; et, pour la sixième fois dans ma vie, je viens de faire la pénible épreuve de toutes les tribulations qu'entraîne un *déménagement*.

Il y a six ans que j'habite la maison de M. Moussinot, et je m'étais si bien familiarisé avec les incommodités dont elle est amplement pourvue, qu'il est probable que je n'en serais jamais sorti s'il n'était survenu des changemens dans ma famille qui en nécessitent d'autres dans la distribution de mon logement. Ma fille, qui n'avait que dix ans lorsque je suis entré dans la maison de M. Moussinot, en a seize maintenant, et ne peut plus coucher dans la chambre de sa mère ; mon fils , qui était convenablement couché dans une petite chambre attenante à mon cabinet , pendant le tems des vacances , aimerait autant , depuis qu'il est au service , que je ne fusse pas aussi exactement instruit de l'heure où il rentre ; un appartement séparé lui devient d'autant plus nécessaire , qu'il n'est pas très-convenable qu'un officier de hussards passe par la chambre de sa sœur pour se rendre dans la sienne : toutes ces considérations m'ont mis dans la nécessité de déménager.

Le choix d'un nouveau logement est une affaire d'état dans une famille : le quartier , le prix , l'exposition , la distribution , la commodité , sont autant d'articles à examiner séparément ; et comme chacun de nous était intéressé dans cette recherche , c'est en famille que nous nous mîmes en quête d'une nouvelle habitation.

Nous voilà donc , par un beau jour , en course dans le quartier d'Antin; je donnais le bras à Mme Guillaume , et mon fils avec sa sœur , marchant quelques pas devant nous , faisaient déjà leurs petits arrangemens , sans trop s'embarrasser s'ils entraient dans les nôtres. Nous interrogions tous les écriteaux , et nos

enfans avaient grand soin de nous faire remarquer ceux qui annonçaient de jolis *appartemens
ornés de glaces et fraîchement décorés*. Mon fils
s'arrêta en face d'un hôtel sur la porte duquel
on lisait, en gros caractères : *grand et bel appartement à louer*, *au premier*, *entre cour et jardin.*
« Ma mère, voilà ce qu'il nous faut! — Etes-
vous fou, mon fils? c'est un logement de grand
seigneur. — Mme Guillaume, la vue n'en coûte
rien : entrons. » Le portier, qui nous avertissait
par écrit qu'il était *suisse*, nous reçut assez les-
tement quand il vit que nous étions venus à
pied ; il est même probable qu'il ne se serait pas
donné la peine de nous répondre, si les petites
moustaches et le ruban rouge de Victor ne lui
en eussent imposé : « Monsieur, dit-il à mon
fils, qui l'interrogeait, l'appartement est de huit
pièces de plein-pied, jardin, écurie pour six
chevaux, remises pour trois voitures, et six
chambres de domestiques. — Et le prix? —
Cinq mille francs. » Nous nous retirâmes sans
en demander davantage. Le suisse alla rejoindre,
en sifflant, des palefreniers occupés dans la cour
à laver des voitures, et qui paraissaient regar-

der en pitié des gens hors d'état de prendre un
loyer de cinq mille francs.

Après avoir vu plusieurs autres logemens,
nous entrâmes dans une petite maison char-
mante, à laquelle conduisait une allée d'arbres,
et dont la cour formait une espèce de boulin-
grin d'un aspect très-agréable.

Une grosse portière, dont les manières ac-
cortes me prévinrent favorablement, nous donna
d'abord les détails dont nous avions le moins
besoin : elle nous apprit que la maison était occupée par la *femme* d'un colonel, qui la quittait
pour aller rejoindre son mari. La jeune dame
était au logis; Victor insista pour voir l'appartement. J'étais moins pressé, et je craignais
que ma fille ne fût déplacée dans cette visite :
nous montâmes cependant.

Il était une heure; Madame était déjà levée.
Une très-jolie petite femme-de-chambre vint
nous ouvrir, et fronça le sourcil en apprenant
le motif qui nous amenait chez sa maîtresse :
néanmoins, comme l'examen que nous venions
faire est un des inconvéniens indispensables
d'un appartement à loyer, il fallut bien, à la
voix de la portière, nous en permettre la visite.

Ce pavillon était un petit temple, et il était
aisé de voir à quel dieu il avait été élevé. Tandis
que Victor et sa sœur admiraient la beauté, le
nombre, la disposition des glaces, la fraîcheur
des peintures, Mme Guillaume s'occupait plus
utilement des objets de nécessité première.

Victor pénétra le premier dans la chambre à
coucher principale, où la jeune dame, noncha-
lamment assise dans une bergère, prenait une
tasse de thé d'un petit air boudeur qui ne gâtait
rien à sa figure, véritablement séduisante; elle
nous fit, sans changer d'attitude, une inclina-
tion de tête, à laquelle mon fils répondit par un
compliment dont un sourire aimable le paya
très-généreusement.

Comme il est de ma nature et de mon état
d'observateur d'avoir les yeux partout, je re-
marquai, sans attacher la moindre importance à
cette observation, que la femme-de-chambre,
en rangeant l'appartement où régnait encore
le désordre du matin, enleva de dessus le lit un
madras semblable à celui que sa maîtresse portait sur sa tête, mais qui paraissait avoir été noué
avec beaucoup moins d'art.

Chaque pièce de ce logis fut pour Mme Guil-

laume l'objet d'un examen particulier , où elle
déploya un esprit d'ordre , de prévoyance , une
justesse de coup-d'œil , une connaissance des
moindres détails, dont la portière elle-même ne
revenait pas ; déjà chaque chambre avait reçu sa
destination , chaque meuble avait trouvé sa
place. Ces arrangemens de ménage, qui se faisaient en présence de la dame du logis, n'avaient
pas l'air de l'amuser beaucoup , et elle ne me
parut pas sentir le prix de l'occasion qui lui
était offerte de connaître pièce à pièce tout le
mobilier de notre maison.

Après avoir pris des mesures pour la hauteur
des rideaux et des glaces , pour l'emplacement
des canapés et des tapis, nous prîmes congé de
la dame , qui permit à mon fils , d'une manière
assez obligeante , de venir mesurer le lendemain
un entre-deux de croisées, dans un cabinet qu'elle
n'avait pas jugé à-propos de nous ouvrir , et
dans lequel ma fille avait l'intention de placer
son piano. Le prix et le logement nous conve-
naient ; il ne s'agissait plus que de terminer
avec le propriétaire : la portière me donna son
adresse , et je me rendis chez lui le lendemain.

M. H*** est un ancien homme d'affaires ; je
ne sais pas comment il a fait celles des autres ;
mais il a si bien fait les siennes, qu'il est aujourd'hui propriétaire de sept ou huit maisons
dans les plus beaux quartiers de Paris, dont il
ne retire guère moins de quatre-vingt mille
livres de rente, toutes impositions payées. Si
l'on est surpris, en le voyant pour la première fois, d'apprendre qu'il soit parti d'une
petite étude de procureur de la rue du Harlay
pour arriver au point où il se trouve, on est
étonné, après avoir traité la moindre affaire
avec lui, qu'il ne soit pas plus riche. Il s'est
fait, en sa qualité de propriétaire, un petit
code qui me donnerait une bien haute idée de
l'adresse du locataire qui parviendrait à le
tromper. Nous passâmes deux grandes heures à
régler les conditions du bail, et trois matinées
à dresser *l'état des lieux*. Tout en me faisant
valoir son extrême désintéressement, il tira de
moi une centaine d'écus pour des tringles, des
cloisons, dont je n'avais aucun besoin et qu'il
m'obligea de lui acheter, et sous condition de
ne pas les emporter, en cas de déménagement,

de peur de dégrader les murs ; d'où je conclus
que ces mêmes objets (qui ne valaient pas cent
francs) , en passant d'un locataire à l'autre ,
avaient déjà dû lui rapporter une centaine de
louis. Enfin , après avoir signé , contre-signé
et paraphé le double d'un bail qu'il avait pris
soin de rédiger lui-même , il me demanda , en
riant , cinq sous pour le papier timbré de la
quittance des six mois , que l'usage , auquel il
n'est pas homme à déroger , veut que l'on paie
d'avance. « Il ne tenait pas à une pareille baga-
telle , comme je pouvais croire ; mais il faut de
l'ordre dans les affaires. »

Sorti des mains de cet homme de proie , ma
femme s'occupa du déménagement , dont les
préparatifs commencèrent mon supplice. Les
ouvriers de toute espèce prirent la maison d'assaut : tapissier , menuisier , serrurier , c'était à
qui ferait le plus de bruit et de dégât. Poursuivi
de chambre en chambre , je m'étais retranché
dans mon cabinet , d'où je bravais encore l'ennemi ; mais , force fut de capituler : en un clin-
d'œil , et sans égard à mes ordres , à mes
prières , je vis mes livres , descendus des rayons

de la bibliothèque , entassés pêle-mêle dans de
grandes mannes , sans respect de mérite , de
genre et de format : Corneille avec Dorat, Racine avec Mercier , Poinsinet avec Voltaire. O
honte! ô confusion !..... Après avoir disputé ,
dans mon cabinet , le terrain pied à pied , les
meubles pièce à pièce , las de crier, de tem-
pêter , réduit littéralement au désespoir , je me
sauvai du logis avec le seul livre que j'eusse pu
sauver du pillage , et j'allai me promener pour
évaporer ma bile , laissant à ma femme et à mes
enfans le soin d'achever cette œuvre de destruction.

Je n'étais pas au bout de mes peines : j'avais
quitté mon ancien logement; en entrant dans
l'autre , je ne fis que changer de chaos : les ouvriers m'y poursuivirent , et m'abandonnèrent
le premier soir au milieu d'un désordre où j'a-
vais peine à me retrouver moi-même. On avait
pensé à tout , excepté au moyen de se coucher ;
mon lit était encore sur le brancard. Après deux
heures de recherches , je retrouvai mes pantoufles dans le *bonheur du jour* de Mme Guillaume,
et ma robe de chambre parmi les ustensiles de

cuisine ; ce qui donna occasion à ma femme de me faire remarquer que rien ne s'égarait avec elle : chacun passa la nuit comme il put, et le jour vint éclairer un tableau cent fois plus triste encore.

Trois mille volumes de ma bibliothèque, choisis avec tant de soin, rassemblés à tant de frais, étaient amoncelés dans une chambre basse ; mes plus belles éditions avaient été froissées, tachées, déchirées ; je n'avais plus la force de me plaindre, et je contemplais ce désordre en poussant de gros soupirs, auxquels Mme Guillaume répondait par des exclamations continuelles à la vue de ses porcelaines écornées, de ses cristaux en pièces. Ma fille ne trouvait plus les pédales et les pieds de son piano ; Victor s'était couché tout habillé sur un sopha en lampas, où il avait laissé l'empreinte indélébile de ses bottes. Les domestiques ne savaient auquel entendre, et rejetaient l'un sur l'autre toutes les sottises qui avaient été faites en commun. La première journée se passa en lamentations, et la semaine entière en reproches, en tracasseries de toute espèce. Au bout de huit jours, nous parvînmes à nous reconnaître, et nous convînmes, en récapitulant nos pertes, que le proverbe a raison, et *que trois déménagemens équivalent à un incendie.*

N° XLIII. — 3 *mai* 1815.

UNE NUIT DE PARIS.

*Duplex libelli dos est : quòd risum movet
Et quòd prudenti vitam consilio monet.*
PHÉDRE.

Je me propose en écrivant le double but
d'amuser et de corriger.

LUNDI dernier, la nuit était belle, l'air était
doux, et la lune se promenait dans un ciel sans
nuages. Je goûtais, à ma fenêtre, un de ces
plaisirs innocens dont on jouit, comme de beaucoup d'autres, sans jamais s'en rendre compte ;
je fumais une cigare, et, comme ce grand *flan-
drin de vicomte* qui s'amusait à faire des ronds
dans un puits, je m'amusais à suivre dans l'air
les bouffées de tabac que j'expirais avec la gravité
d'un bourguemestre de Groningue : je ne voyais
rien, je ne songeais à rien ; je m'écoutais vivre.

Ma cigare achevée, je rentrai dans le monde
social et politique dont j'étais absent depuis

un quart d'heure, et mon esprit se remit au
travail. En parcourant des deux yeux cette rue
déserte, où tant de gens s'agitaient, se cou-
doyaient quelques heures auparavant, j'en vins
à me rappeler quelques traits d'une assez mauvaise peinture d'*Une Nuit de Paris* qu'a faite
Rétif de la Bretonne dans la préface de ses
Contemporaines ; ensuite il me prit fantaisie de
retracer moi-même un semblable tableau : j'en
avais une belle occasion ; le tems était superbe,
tout le monde dormait chez moi, et je n'avais
pas la moindre disposition au sommeil. Je sortis
furtivement, en me rappelant, avec un soupir,
le tems où de semblables précautions avaient un
autre motif, et j'arrivai à la grande porte de la
rue, que j'eus beaucoup de peine à me faire ouvrir. La portière, obligée de se lever

. .?. . . . . Dans le simple appareil
  D'une beauté qu'on vient d'arracher au sommeil,

en tournant d'une main la grosse clé, et voi-
lant de l'autre des appas dont je détournais modestement mes regards, grommelait entre ses
dents : « La belle heure pour sortir !..... Où
diable peut-on aller ?.... A moins pourtant....
Ah! mon Dieu! mon Dieu! »

Me voilà dans la rue ; je n'avais pas fait cinquante pas que je commençais à me repentir de
ma démarche ; mais le moyen de rentrer ? Je
ne me sentais pas la force de braver une seconde
fois l'humeur de la portière. Je n'avais point de
projet arrêté , ainsi tout chemin m'était égal ;
je marchais devant moi, sans trop savoir où j'allais. J'étais arrivé au bout de la rue de Provence , sans avoir rencontré personne , et je
commençais à craindre que ma promenade nocturne ne me fournît d'autre sujet d'observation que moi–même ; un bruit confus de voix se
fit entendre ; je tournai mes pas de ce côté ; il
s'agissait d'une rixe entre des cochers de fiacre :
l'un d'eux avait imaginé de nourrir ses chevaux
aux dépens de ceux de ses camarades , en pro-
fitant de leur sommeil ou de leur station au cabaret pour s'approprier quelques poignées de
fourrage dont il composait à ses chevaux une
ration économique , qu'il avait soin de porter
en compte à son bourgeois. Le marodeur , pris
sur le fait , n'en fut pas quitte pour quelques
coups de fouet qui lui furent appliqués de main
de maître ; il fallut entrer en arrangement chez
un grenetier voisin , dont la boutique était en-

core ouverte : assis sur un sac d'avoine, celui
ci écouta la plainte, évalua le dommage et les
intérêts, prononça très-sagement sur les in-
demnités auxquelles les plaignans avaient droit,
et se fit allouer un poisson d'eau-de-vie pour
les frais d'arbitrage. Fort bien jugé, me disais-
je à moi-même, en continuant ma promenade ;
si cette affaire de foin eût été portée devant un
tribunal, les procureurs et les huissiers en auraient mangé bien des bottes.

Au détour de la rue de l'Arbre-Sec, à quelques pas de la fontaine, je vis une patrouille
qui réveillait un homme étendu sous une porte-
cochère, où il était établi de manière à faire
croire qu'il avait l'habitude d'un pareil domicile. Celui-ci trouva très-mauvais qu'on trou-
blât son sommeil ; on lui demanda son nom :
« Je m'appelle La Riflardière (répondit-il avec
fierté, en se mettant sur son séant) ; je suis artiste, et, qui plus est, poète ; je loge ici, parce
que cela me convient, et qu'il n'y a point de
loi qui défende à un citoyen de coucher dans la
rue ; or donc, et en vertu de l'article 5 de l'acte
additionnel qui garantit à tout Français sa liberté individuelle, j'ai le droit de continuer

mon sommeil. » Et il se recoucha. Je me joignis
à la patrouille pour lui faire entendre qu'il dor-
mirait plus commodément sur le lit-de-camp
du corps-de-garde. « Prétend-on me faire violence ! reprit-il du ton de Mirabeau à la tri-
bune ; je proteste contre une arrestation arbi-
traire, et je *déclare que je ne sortirai d'ici que
par la puissance des baïonnettes.* » Le caporal
qui commandait la patrouille, honnête mercier
de la rue Montorgueil, se croyant déjà dans le
cas prévu par nos constitutions sur la responsabilité des fonctionnaires publics, n'osa rien prendre sur lui, et laissa le nouveau Diogène ronfler
à son aise en plein vent.

Dans la rue des Poulies, un gros homme
était arrêté devant une maison à sept ou huit
étages, qu'il ne pouvait se faire ouvrir ; je l'a-
bordai poliment, et je n'eus pas de peine à
m'apercevoir qu'il avait trop bien soupé pour
ne pas aspirer à retrouver son lit. Il était, disait-il, organiste de paroisse, et revenait de
fêter un saint Isidore de ses amis. Je n'ai jamais
vu de dépit plus comique que celui de cet honnête bourgeois, à l'idée de passer la nuit à la
belle étoile : il frappait du marteau, des pieds

et des mains à la porte de l'allée , sans pouvoir
se faire entendre d'une portière qui logeait au
sixième étage, et qu'il avait oublié de prévenir.
Mon homme , dans l'excès de son désespoir, allait, venait, pirouettait sur lui-même , et criait
de toutes ses forces en appelant les locataires
par leurs noms. Ceux-ci se mirent aux fenêtres,
les uns en riant, les autres en jurant; toute la
rue fut bientôt en rumeur. Les malédictions
des époux réveillés , les cris du musicien , auxquels se mêlaient les aboiemens des chiens du
quartier, augmentèrent le vacarme , et finirent
enfin par éveiller la portière , qui vint ouvrir, en
donnant au diable tous les organistes du monde.
Peu-à-peu tout rentra dans l'ordre dans la rue
des Poulies , et je n'entendis plus que les murmures confus du gros homme, qui se perdirent insensiblement vers le sixième étage de la maison.

J'étais en face de l'Oratoire, quand une vieille
femme , qui sortait en sanglotant d'une allée
voisine, me pria de lui indiquer un apothicaire ;
nous n'étions pas éloignés de la pharmacie de
M. Cadet ; je l'y conduisis, et j'appris d'elle,
chemin faisant , « que son maître était un ancien
employé de la ferme générale dont la fortune

était assez considérable, et la santé, depuis six
mois, assez chancelante pour avoir déterminé
ses deux neveux à venir habiter avec lui. Une
attaque d'apoplexie menaçait en ce moment les
jours du vieillard; le moindre retard dans l'application des remèdes devait amener la mort du
malade; et c'est elle, elle que l'âge et les infir-
mités accablent, qui se traîne avec tant de peine,
que les deux jeunes gens occupés à se partager la
succession de leur oncle mourant envoyaient
chercher des secours qui, sans doute, arriveraient
trop tard. » Je confiai la bonne vieille aux soins
du favori d'Esculape, et je m'éloignai en formant
des vœux pour qu'ils ne fussent pas sans succès.

Au détour de la rue Croix-des-Petits-Champs
je trouvai un homme en bonnet de nuit et en
robe-de-chambre, qui cherchait au clair de la
lune à découvrir le numéro des maisons; cet
honnête bourgeois, dont la figure grotesque ne
peut se rencontrer dans aucune autre ville du
monde, était en quête d'une sage-femme, dont
sa jeune épouse avait, me dit-il, le plus pressant
besoin : dans sa manière de m'apprendre qu'il
allait devenir père, il entrait un peu de vanité,
mais il s'y mêlait aussi quelque chose qui ressem-

blait à de la surprise. Je l'aidai dans sa recherche, et nous parvînmes à mettre la main sur le cordon de la sonnette de la sage-femme, qui ne se fit pas attendre dix minutes. Ce bon mari me remercia gracieusement, et peu s'en fallut qu'il ne m'invitât au baptême. Nous cheminâmes quelques momens ensemble; et, tandis qu'il retournait en toute hâte au logis, donnant le bras à la Lucine parisienne, la vieille gouvernante que j'avais laissée chez le pharmacien revenait, de son côté, avec le garçon apothicaire muni de tous ses médicamens. Ils rencontrèrent, au même point, deux ambassadeurs chargés de missions bien différentes : l'un venait annoncer au mari qu'il avait un héritier de son nom, et l'autré (l'un de ces neveux qui avaient chargé une vieille femme impotente d'aller chercher des secours) accourait lui-même, pour éviter de grever la succession d'une dépense que la mort de son oncle rendait inutile.

J'étais arrivé sous les arcades du Palais-Royal, qui retentissaient encore du bruit de l'orchestre du bal des Etrangers, des ris immodérés des danseurs et des imprécations des joueurs. Quelques factionnaires parcouraient

d'un pas mesuré ces longues galeries, en comp-
tant les quarts d'heure de l'horloge, pendant
que d'autres sentinelles, d'une profession moins
honorable, se promenaient mystérieusement,
et prenaient note de tout ce qu'ils voyaient, ou
même de ce qu'ils ne voyaient pas, afin de
grossir le rapport du lendemain. Des cris m'at-
tirèrent du côté du Perron : une violente dispute
s'était élevée entre un militaire et un élève en chi-
rurgie, au sujet d'une Hélène qui attendait avec
assez d'indifférence l'issue d'un combat dont elle
devait être le prix. La garde, arrivée presqu'aussitôt que moi sur le champ de bataille, mit fin à
la querelle en s'emparant de la beauté en litige.

Je sortis du Palais-Royal, et j'errais depuis
une demi-heure dans les rues adjacentes, sans
avoir rencontré un être vivant : comme j'approchais de la place des Victoires, la sentinelle du
poste de la Banque, confié à la garde nationale,
me cria *qui vive ?* du plus loin qu'elle m'entendit venir. La réponse, *ami, bourgeois*, que
je m'empressai de lui faire, ne la satisfit pas,
et l'on m'ordonna militairement d'*avancer à*
l'ordre. Je sais tout ce qu'on doit de respect et
d'obéissance à la consigne ; je ne balançai pas

à m'y soumettre; j'entrai au corps-de-garde: dix
ou douze chasseurs de la deuxième légion étaient
groupés autour d'une table, et achevaient un bol
de rhum; le chef du poste, qui dormait sur un
banc, se réveilla pour m'interroger: il me demanda ce que je faisais, à deux heures du matin,
dans les rues de Paris; je répondis que je tra-
vaillais à un article de journal; cette vérité avait
si bien l'air d'une mauvaise plaisanterie, que le
commandant donnait déjà l'ordre de me faire
conduire à la préfecture de police : fort heureusement pour moi, je fus reconnu par mon
tailleur qu'on venait de relever de faction, et
l'on me mit en liberté.

Je m'applaudissais, en continuant mon chemin, du zèle et de la sévérité que déployait la
garde nationale pour la sûreté des citoyens,
lorsque, au coin de la rue de Cléri, deux hommes
d'assez mauvaise mine m'engagèrent à prendre
la rue voisine; je demandai à ces gens-là de quel
droit ils me prescrivaient ma route. L'un d'eux
me présenta un pistolet; sans me contenter de
cette mauvaise raison, je me mis à crier *au
voleur!* Au même instant, mes deux coquins,
par un cri d'argot, donnèrent l'éveil à leurs ca-

marades occupés à *travailler* une boutique de bijoutier, à quelque distance de là, et la bande
entière prit aussitôt la fuite. Les instrumens de
leur industrie, la pince, le trousseau de ros-
signols et la lanterne sourde étaient restés sur
le lieu du délit; je crus devoir prévenir le propriétaire du danger qu'il avait couru : dans un
moment toute la maison fut sur pied; on en-
voya chercher un commissaire; je ne jugeai pas,
à propos de l'attendre.

En suivant le chemin qu'avaient pris les voleurs, je rencontrai dans le haut de la rue Montmartre un chiffonnier qui grattait, en sifflant,
le ruisseau dont il suivait le cours, une lanterne à la main. Je m'informai de lui s'il avait
vu les coquins dont j'avais troublé la fête : « Ce
ne sont pas mes affaires, me répondit-il d'un ton
délibéré : je gagne ma vie à ma manière, et je
laisse les autres gagner la leur comme ils l'entendent. — Vous faites, mon ami, un métier
qui ne doit pas vous rapporter beaucoup? — J'ai
6o ans, mon bon Monsieur; vous voyez bien
qu'on peut y vivre. Il est vrai que je suis en même
tems commissionnaire-crocheteur; informez-
vous de moi au coin du faubourg Montmartre;
Joseph, n° 2077. — Vous n'avez jamais fait

d'autre état ? — Si fait; dans ma jeunesse j'ai
porté la livrée; mais, en vieillissant, j'ai senti
la dignité de l'homme et le besoin de l'indépendance. — Vous êtes bien pauvre pour être libre?
—Connaissez-vous beaucoup de riches qui soient
plus libres que moi ? Au moyen de mes deux
métiers, la moitié de mon tems m'appartient :
quand j'ai fait une bonne journée, je me repose la nuit; quand j'ai fait une bonne nuit, je
passe la journée sans rien faire. —Mais que pou-
vez-vous gagner à gratter les ruisseaux? —Tantôt plus, tantôt moins; une ou deux pièces de
monnaie, un petit bijou, une bague, un bra-
celet : on trouve toujours quelque chose; il ne
faut que chercher..... » En quittant ce philosophe des rues, dont la conversation m'amusa
beaucoup, je fis en sorte qu'il ne regrettât pas
le tems que je lui avais fait perdre.

Déjà l'aube commençait à brunir les étoiles ; les
épiciers ouvraient leurs comptoirs, et prépa-
raient la liqueur du cassis pour l'ouvrier ma-
tinal. Je regagnais mon logement. Une dernière
aventure m'arrêta sur le boulevart Italien, au
coin de la rue de.... (La discrétion est ici nécessaire.) Je vis un jeune homme sortir d'un
jardin, en escaladant la muraille : je n'oserais

pas assurer que ce fût un voleur : dans tous les cas, il avait quelque intelligence dans la maison ; car je vis distinctement une jolie petite main qu'on lui tendait par-dessus le mur, et qu'il baisa d'une manière très-respectueuse. Son cabriolet l'attendait au coin de la rue Pelletier ; à l'air endormi du domestique, à l'impatience du cheval, je jugeai que la nuit leur avait paru plus longue qu'à leur maître.

Je rentrai chez moi au point du jour, et je me fis attendre pour déjeûner. Le silence et le regard accusateurs de Mme Guillaume ne me laissèrent pas douter un instant qu'elle ne fût instruite de ma sortie nocturne. Je n'ai pas cru devoir provoquer une explication ; mais j'aurai grand soin de lui faire lire demain cet article pour la rassurer sur l'emploi de ma nuit du 15 au 16 mai 1815.

INCONSÉQUENCES DANS LES MŒURS.

—

> .... *Facto pius et sceleratus eodem.*
> O v i d e.
>
> Criminel et honoré pour le même fait.

On s'est plaint souvent des inconséquences que l'on remarque dans l'ordre physique ; les anomalies de la nature ont été l'objet de beaucoup de dissertations plus curieuses qu'utiles ; des savans ont consacré leurs veilles à rechercher les causes de tant de contradictions dans les lois qui régissent l'univers. Qu'ont-ils découvert ? que pouvaient-ils se flatter de découvrir ? Rien : le génie de l'homme s'exerce sur les effets ; il ne lui est pas donné de connaître les causes. Il n'en est pas ainsi dans l'ordre social, dont l'édifice est élevé par des mains humaines ; ceux qui l'habitent peuvent blâmer

le plan, critiquer les détails, demander des réparations, et se plaindre sans injustice, sur-tout
quand ils ne sont pas logés commodément.

J'ai connu un vieux capitaine de cavalerie,
retiré depuis plus de cinquante ans du service,
qui probablement, et vu son âge, aura pu servir de modèle à Destouches pour tracer le caractère de son *Homme singulier*. Ce vieillard
octogénaire, perclus de rhumatismes, avait
conservé de l'ancienne originalité de ses goûts
et de ses manières une conversation extrêmement
piquante, où l'on retrouvait toute la bizarrerie
des principes d'après lesquels il avait autrefois
réglé sa conduite; j'allais volontiers passer
quelque heures avec lui quand sa sciatique lui
permettait de prononcer une phrase entière sans
la couper par deux ou trois jurons énergiques,
qui ne manquaient jamais d'arriver comme
membres accidentels de sa période, et qui en
interrompaient le fil sans en altérer le sens.

« Mon cher Guillaume, me disait-il souvent,
vous entrez dans le monde; souvenez-vous d'une
chose : vous n'avez que le choix d'y être mé-
prisable en suivant les préceptes de la bonne
compagnie, ou méprisé en écoutant votre raison

et votre conscience. Dans le premier cas, et avec de l'esprit de conduite (ce qui ne vous engage à rien envers la probité, la morale et l'honneur), vous pourrez aspirer à la considération, aux honneurs et à la fortune. Dans l'autre, il faut vous attendre à rester inconnu avec beaucoup de talent, à végéter dans quelque emploi subalterne, et à user vos chapeaux en saluts qu'on ne vous rendra pas.... C'est comme cela que les hommes sont faits chez nous, et Dieu me damne s'ils valent mieux ailleurs. Mais vous arriverez à soixante ans; vous vous trouverez, comme moi, en présence de vos réflexions et de vos souvenirs, sans autre distraction que vos tisons et vos pincettes; c'est alors que vous vous établirez juge de vous-même et de la société, dont vous aurez eu honorablement à vous plaindre ou honteusement à vous louer. Je suis bien fâché de le dire, mais c'est une caverne que le monde; je n'y ai guère vu que des fripons ou des dupes : tout est piége, tout est fraude, les lois, les mœurs et les préjugés.

» J'ai passé ma vie entière en opposition directe avec la troupe dont je n'ai voulu être ni le complice ni la victime : qu'est-il résulté de là?

Les méchans m'ont tourmenté, les sots m'ont honni, les grands m'ont dédaigné, et les femmes se sont moquées de moi : je me venge aujourd'hui des uns et des autres en leur disant leur fait... »

Ici mon vieux misantrope fut interrompu par une crise qui amena tout naturellement une sortie contre la médecine et les médecins. La bourrasque tomba ensuite sur son fidèle Jacques, qu'il avait appelé pour le retourner sur son fauteuil, et pour lui frotter le tibia, depuis le métatarse jusqu'à la rotule ; commission dont celui-ci s'acquittait avec plus de zèle que de sensibilité, et sans trop s'inquiéter des injures dont son maître le récompensait. L'accès passé, le chevalier de la Vergne continua sur le même ton : « Guillaume, me dit-il, prenez ce volume que vous voyez sur mon secrétaire (c'était un gros in-4° relié en parchemin, et coté n° 10); c'est le dixième de la collection de mes Mémoires, que j'ai conduits jusqu'à ce jour : je l'ai consacré spécialement à signaler les inconséquences que j'ai observées depuis soixante ans dans nos mœurs, et qui, pour la plupart, sont relatives aux différens événemens de ma vie. Toutes mes actions ont été, plus ou moins, l'objet de la censure ; elles m'ont valu la réputation d'homme singulier, que j'accepte, et celle de méchant homme, que je crois être bien loin de mériter. Je vous le jure, Guillaume, aujourd'hui que je ne vis plus que dans le passé, que je me survis, en quelque sorte, à moi-même, je ne me rappelle pas une seule action dont j'aie à rougir, une seule où je voulusse aujourd'hui me conduire différemment que je l'ai fait, au risque de tous les maux qui m'en sont advenus. »

J'ouvris le volume : le titre de chacun des chapitres ne me parut d'abord que l'énoncé d'un paradoxe insoutenable, que je croyais suffisamment réfuté par un sourire que le vieux chevalier remarqua : « Ne vous gênez pas, mon ami, continua-t-il : riez à votre aise; vous devez sentir qu'avec un caractère comme le mien je ne puis m'offenser qu'on se moque de moi, qui me suis tant moqué des autres. » Le premier chapitre sur lequel je jetai les yeux avait pour titre : *la Maréchaussée, premier corps de France.*

« *L'Almanach militaire* n'est pas de votre avis, lui dis - je en haussant les épaules. — Corbleu! répondit-il, l'*Almanach militaire* est

un sot, aussi bien que tous ceux qui mesurent
leur estime sur les distinctions qu'il établit ;
écoutez-moi bien, ajouta-t-il en se mettant
sur son séant, et en relevant son bonnet de
velours : j'avais fait la guerre de *Sept Ans*, et
je revenais, après la malheureuse affaire de Min-
den, me faire guérir de deux blessures graves
que j'y avais reçues : à quelques lieues d'Armen-
tières, je fus attaqué par quatre bandits qui me
tenaient le pistolet sur la gorge dans ma chaise
de poste ; deux cavaliers de la maréchaussée
surviennent, le combat s'engage entr'eux et les
voleurs ; l'un de ces cavaliers est tué sur la place ;
l'autre (que j'aidais de mon mieux en tirant quelques coups de pistolet par la portière de ma voiture
d'où je ne pouvais descendre) parvint à mettre
trois de ces brigands en fuite et à s'assurer du
quatrième. La veuve du cavalier mort n'aurait
eu pour récompense qu'une aumône de soixante
francs, si je n'avais pris soin d'elle. En arrivant
à Paris, je sollicitai de l'avancement pour le cavalier qui s'était conduit avec tant de courage :
on se moqua de moi dans les bureaux. Furieux
de cette injustice, je proposai à ce brave homme
une place de maréchal-des-logis dans ma com-

pagnie. Le colonel trouva très-mauvais que je
voulusse faire entrer un cavalier de la maréchaussée dans un régiment de dragons; je me
fâchai; j'offris ma démission; le ministre l'accepta, en me proposant une place dans le corps
honorable où servait mon défenseur. Honorable !
oui, sans doute, plus honorable qu'aucun autre,
si l'on s'entendait une fois sur la valeur de ce
mot. A qui donc appartiendra la considération
militaire, si l'on a la sottise de la refuser à des
hommes dont les services intéressent toutes les
classes de la société? Pendant la guerre, ils
combattent l'ennemi, répriment la maraude,
maintiennent la discipline; pendant la paix,
lorsque toutes les troupes se livrent dans leurs
garnisons aux douceurs du repos, la maréchaussée
veille et combat sans cesse pour la sûreté de
l'Etat et des citoyens. Quelle guerre plus péril-
leuse que celle qu'elle livre sur les frontières,
sur les grandes routes, aux contrebandiers,
aux voleurs, aux assassins, à tous ces ennemis
désespérés qui n'ont d'alternative que la victoire ou l'échafaud? Un soldat, dans sa fuite,
tombe encore avec gloire loin du champ de bataille qu'il abandonne; les bienfaits du gouver-

nement vont chercher sa famille ; et le cavalier
de la maréchaussée meurt sans honneur sous les
coups de l'assassin qu'il poursuit au milieu des
forêts ! et ses enfans obtiendront à peine de l'équi-
table société, qui leur ravit un père, le prix du
cheval sur lequel il était monté ! Une pareille
inconséquence est faite pour révolter tout homme
qui ne sépare pas l'honneur de l'utilité publique,
et qui n'a pas tout-à-fait renoncé au bon sens. »

J'écoutais le vieillard, et je commençais à
m'accoutumer à la bizarrerie de ses opinions.

En tête du chapitre suivant on lisait ces
mots : *l'Assassin de bonne compagnie.*

« Voilà encore, lui dis-je avec étonnement,
des mots dont je ne conçois pas l'association.
— Cependant celle des idées qu'ils représentent
n'a rien qui vous révolte, ni vous, ni les autres.
Puissiez-vous n'avoir jamais les mêmes raisons
que moi pour changer d'avis! écoutez-bien.

» J'avais un frère beaucoup plus jeune que
moi, plein d'esprit, de talens et de bravoure.
Insulté par un de ses camarades (il servait dans
les mousquetaires), il en demanda raison. Son
insolent adversaire était un certain marquis
d'Enjac, spadassin de café, suppôt de maison

de jeu, d'une valeur pour le moins équivoque
sur le champ de bataille. Le marquis, suivant
sa coutume, refusa de se battre à l'épée dont
mon frère savait se servir presqu'aussi bien que
lui, et proposa le pistolet à un jeune homme
qui n'avait de sa vie fait usage d'une arme qu'il
ne connaissait que par la place qu'elle occupait
dans ses fontes. Mon frère accepte, il est tué
roide d'une balle à travers la poitrine. J'étais
alors en garnison à Lille ; je prends la poste,
j'arrive, et j'apprends que mon frère a été assassiné dans toute la force du mot, par un homme
qui, depuis quinze ans, se faisait un revenu de
moucher une bougie à vingt-cinq pas de distance avec une balle de pistolet. Je veux le faire
battre à l'épée, il refuse ; je veux le citer devant
les tribunaux : on reçoit en ricanant ma plainte ;
je le rencontre un soir au détour d'une rue, et
je lui casse ma canne sur la tête et sur les
épaules. Dès-lors, c'est moi que l'on poursuit
en justice ; c'est moi que l'on accuse, dans tous
les salons, d'avoir lâchement outragé un *galant*
homme : la bonne compagnie se fait écrire chez
le marquis, et je me vois forcé, pour me réha-
biliter dans l'opinion, de tuer en duel deux

quidams qui m'insultent, et de recevoir, pour mon compte, deux grands coups d'épée à travers le corps. Eh bien! morbleu, ai-je eu tort d'intituler ce chapitre *l'Assassin de bonne compagnie?* »

J'avais bien quelques bonnes objections à lui faire ; mais je trouvais plus de plaisir à l'entendre qu'à le réfuter ; et tout en continuant à feuilleter le volume, je le priai de me donner le commentaire de cette proposition qui me paraissait encore plus étrange que les autres : *Considération attachée au déshonneur des familles.*

« Ce chapitre, me dit le chevalier, n'est pas fondé comme les autres sur ma propre expérience ; mais il se compose d'observations générales appuyées sur une foule d'anecdotes authentiques. Vous connaissez MM. de Neris, d'Optal, de Saint-Blair : recherchés à la cour, ils donnent le ton à la ville ; il n'est bruit que de leurs succès dans le monde ; point de maison où l'on ne tienne à honneur de les recevoir ; point d'égards, de prévenances, de distinctions dont ils ne soient partout l'objet ; et cependant, en bonne police, en bonne morale, on aurait dû depuis long-tems les voir figurer tous les trois sur une place publique avec un collier de fer de quatre pouces de hauteur. Le premier a

fait mourir de chagrin une femme respectable
dont il a déshonoré la fille, qu'il a abandonnée
à des larmes éternelles dans la retraite, où elle
a été forcée d'aller cacher sa honte et le crime
de son séducteur. Le second n'a pas trouvé de
moyen plus ingénieux de s'assurer la possession
d'une jeune innocente qu'il avait vue à la grille
d'un cloître, que de profiter du tumulte d'un
incendie (dont on le soupçonne d'avoir été
l'auteur) pour l'enlever du couvent où elle
était pensionnaire. Le troisième, professeur
émérite dans l'art de la séduction, vit encore
sur une réputation d'*homme aimable*, qu'il s'est
acquise au prix du déshonneur de vingt familles :
ce Lovelace, en cheveux gris, n'a pas trouvé,
au défaut d'un tribunal, un colonel Morgen
qui ait arrêté le cours de ses infâmes galan-
teries ; et vous me direz après cela que nous
vivons dans un pays civilisé ! et vous me parle-
rez de la garantie de vos institutions ! et vous me
vanterez la douceur de vos mœurs ! Un malheureux, pressé par la faim, qui vous enlève
votre montre, ira pourrir dans les cabanons de
Bicêtre ; et le misérable qui corrompt vos enfans,
qui séduit votre fille, qui détruit le bonheur d'une
famille entière, vivra considéré, honoré, recher-

ché dans la société dont il est le fléau ! Par là,
corbleu ! messieurs les Welches, comme vous
appelait Voltaire, vous êtes à mille lieues de la civilisation des Hottentots, chez lesquels de pareils
crimes ne resteraient pas une heure impunis.

» Je ne parle pas des gentillesses de l'adul-
tère : la plainte, dans ce genre, est un ridicule,
même aux yeux des tribunaux. Trompez des
femmes, rien de mieux : elles vous le rendent ;
affichez-les, qu'importe : la plupart tiennent à
honneur d'être déshonorées; les maris donnent
l'exemple de l'infidélité, les femmes le suivent ;
on fait de tout cela une cote mal-taillée : soit ;
mais chacun devrait du moins y trouver son
compte. Or, par quelle absurde inconséquence,
quand les torts ne sont que du côté de la femme,
le ridicule n'atteint-il que le mari ? Pourquoi
le battu paie-t-il l'amende ? Pourquoi !.... *Sic
voluere mores;* donc sur ce point, comme sur
tant d'autres, les mœurs n'ont pas le sens
commun, et je le prouve.... » Le Démosthène
goutteux interrompit sa risible philippique en
m'entendant prononcer avec une exclamation
de surprise ces mots que je lisais dans le volume que je continuais à parcourir : *Fripons
autorisés ; coupe-gorge avec privilége.*

« J'espère que cela n'a pas besoin d'explication, interrompit-il en prenant un ton plus
sévère, et je crois inutile de vous dire qu'il
s'agit des joueurs de profession et des maisons
de jeu. Après la vie, ce à quoi les hommes
tiennent généralement davantage, c'est à leur
propriété ; pour s'en garantir la jouissance
paisible, ils ont des lois, des tribunaux, des
prisons, des archers, des gibets ; le vol d'un
pain chez un boulanger conduit un homme à
la potence ; et, s'il échappe au supplice, l'infamie est à jamais son partage : c'est peut-être
pousser un peu loin la justice ; mais enfin cette
sévérité est dans les lois, dans les mœurs, et
nul n'a droit de s'en plaindre, puisque tous ont
intérêt à la maintenir. Cependant il existe une
classe entière d'hommes qui font publiquement
métier de spolier leurs concitoyens, au moyen de
petits cubes d'ivoire ou de petits cartons peints
de différentes couleurs. On compte dans Paris
seulement deux ou trois cents tripots, dont les
entrepreneurs ont le privilége de détrousser les
passans, de ruiner les familles, d'anéantir les
fortunes, et de tendre des piéges à la sottise et
à la cupidité. On entasse les sophismes pour
me prouver l'utilité de ce brigandage dans les

grandes villes : je veux bien ne pas prendre
la peine d'y répondre ; mais du moins la société
vengera son injure : les agens de ce honteux
commerce seront flétris dans l'opinion, et les ri-
chesses qu'ils ont frauduleusement acquises ne
les mettront pas à couvert du mépris...... Préjugés que tout cela ! radotage de philosophe !
Ces gens - là marchent de pair avec tout le
monde. Leur honnête industrie les dispense
d'esprit, de talens, de naissance, et leur car-
rosse passe insolemment à côté de la charrette
qui conduit leur dupe à l'échafaud ; entre cent
exemples épouvantables, je veux vous en citer
un que je vous défie d'oublier.....» Le médecin
du vieux malade entra dans ce moment, et le
força de remettre à un autre entretien l'aventure qu'il se préparait à me raconter.

N° XLV. — *17 mai* 1815.

LES DÉSAPOINTEMENS.

———

. . . . Hæ nugæ seria ducent
Jus mala , derisum.

Hor.

De ces contrariétés naissent quelquefois de
véritables malheurs.

Quelque ennemi que je sois du néologisme , il
faut bien créer ou adopter des mots nouveaux
quand on n'en trouve pas dans la langue qui
puissent , à moins d'une longue périphrase ,
rendre l'équivalent de votre idée : c'est le cas
où je me trouve ; je ne connais point de terme
français pour exprimer la situation d'un homme
trompé dans une espérance raisonnablement
conçue : je demande donc à mes lecteurs la permission de reprendre aux Anglais un mot qu'ils
nous ont emprunté avec cinq ou six mille autres , et pour lequel Montaigne avait une pré-
dilection toute particulière.

Je me suis toujours félicité d'avoir une imagination qui me présente à-la-fois le but et l'obstacle ; qui me répète sans cesse avec Ovide :

Fallitur augurio, spes bona sæpè suo. *

On est sujet à ne jouir que de ses espérances
quand on s'habitue à voir tout en beau.

Scapin fait, selon moi, un bien meilleur
calcul, quand il *rend grâce au Ciel de tout le mal
qui ne lui arrive pas.* Ceux qui s'obstinent à ne
voir dans le chapitre des événemens que les
probabilités favorables, s'exposent à de conti-
nuels mécomptes, et de simples contrariétés
deviennent souvent pour eux de véritables
peines.

Au nombre des désapointemens, il en est
qui tiennent de la fatalité, dont la persécution
opiniâtre appelle un véritable intérêt sur celui
qui en est victime, et qui peuvent être envisagés
comme de véritables malheurs. J'ai connu un de
ces *souffre-douleurs* de la fortune qui a passé
une vie de soixante ans à toucher du bout du
doigt l'occasion qu'il n'a jamais pu saisir.

Cet homme, que je nommerai Dumont, était

* Le succès trompe souvent notre attente.

fils d'un ancien portier de l'hôtel des Affaires
Etrangères. Filleul de M. d'Argenson, ce ministre le fit élever avec soin, et le plaça près
de lui en qualité de secrétaire intime. La plus
brillante perspective s'ouvrait pour le jeune
Dumont : il venait d'être nommé chargé d'affaires dans une petite cour d'Allemagne, lorsqu'une intrigue de cour força son protecteur à
la retraite. Dumont se présenta le lendemain
chez le premier commis pour y prendre ses
lettres de créance ; malheureusement le ministre
disgracié ne les avait pas signées la veille, et le
chef de bureau trouva plus convenable d'en disposer en faveur d'une créature de M. de Pui-
sieux. Le pauvre Dumont, désapointé, comme
on peut croire, de recevoir la démission de la
place dont il venait chercher le brevet, prit
néanmoins son parti de bonne grâce, et partit
pour aller rejoindre l'abbé de la Ville, ambassadeur à La Haye, dont la protection particulière lui était acquise par les services signalés
qu'il avait eu occasion de lui rendre au tems de
sa faveur.

Dumont se met en route avec une imagination de vingt-cinq ans et une expérience de

quatre années de faveur. Il ne doute pas un
moment que son excellence, qui l'honore du
titre d'ami, ne l'accueille de la manière la plus
obligeante, et ne s'emploie pour lui avec autant
de zèle qu'il en a mis lui-même à le servir.
« L'abbé, se disait-il en route, est en grand
crédit auprès de *leurs hautes puissances* ; il lui
sera facile de me procurer un bon emploi, bien
lucratif, dans quelque comptoir hollandais aux
Indes orientales : dans la carrière diplomatique,
l'obscurité de mon nom eût toujours été un
obstacle à mon ambition ; celle du commerce,
où je vais me lancer, ne m'en présente aucun ;
je ne puis manquer d'y faire, en peu d'années,
une fortune immense ; je me marierai très-
probablement avec une riche héritière de Co-
lombo ou de Batavia, et je n'aurai guère plus
de trente ans quand je reviendrai à Paris pour
y jouir de cent mille écus de rente, dont j'aurai
le bon esprit de me contenter. » Il arrive à La
Haye dans ces douces illusions, et descend chez
l'ambassadeur en même tems que le courrier
porteur des dépêches du nouveau ministre.

Son excellence était à table, et comme elle
y traitait, de son aveu, l'affaire la plus impor-

tante de sa vie, elle ne souffrait pas qu'aucune autre vînt l'en distraire : les lettres de Paris furent mises sur le bureau, et Dumont profita de ce retard pour jouir des témoignages d'affection de son honorable ami, qui le présenta gracieusement à tous les convives comme un jeune homme du plus grand mérite et qui ne pouvait manquer d'arriver aux premiers emplois, où il était moins appelé par la faveur que par la supériorité de ses talens; le café servi, on lut les dépêches. M. D'Argenson n'était plus ministre, et dès-lors son protégé, l'espérance de la diplomatie française, fut à peine jugé digne d'une place de commis à bord d'un vaisseau marchand, que lui fit obtenir, au bout de quatre mois, un armateur de Sardam, avec lequel il avait dîné chez l'ambassadeur.

Ses excellentes qualités lui méritèrent l'amitié du capitaine, qui réveilla ses projets de fortune, en lui promettant un intérêt dans sa maison de commerce à Calicut. En débarquant, on apprend que l'associé du capitaine a fait banqueroute depuis quelques jours, et s'est enfui au Bengale avec les fonds de la société.

Dumont, abandonné, sans protecteur, dans

une ville des Indes, n'a rien de mieux à faire
que de chercher les moyens de retourner en
France, où il espère encore (en dépit de l'insolence des premiers commis et de l'ingratitude
des ambassadeurs) trouver plus de ressources
qu'à la côte du Malabar. La guerre de 1756
venait d'éclater : un bâtiment de Rochefort ar-
mait en course ; le capitaine propose à Dumont
de le prendre à son bord, et lui promet mille
louis de part de prise. Il s'embarque sans trop
se fier à des promesses dont le hasard est le seul
garant, mais certain, du moins, de revoir bientôt sa patrie. Presqu'en vue des côtes d'Europe,
on fait rencontre d'un bâtiment anglais richement chargé: le corsaire a sur lui le vent et
la marche ; il le poursuit, le joint, l'attaque,
et le force d'amener : les chaloupes sont en
mer, on prend possession du navire, dont la
cargaison est estimée quinze ou dix-huit cent
mille francs. Dumont ne céderait pas sa part
pour vingt mille écus, et déjà il s'occupe de la
manière dont il placera la somme qui doit lui
revenir. Pendant qu'il se consulte, un grain
s'élève ; la bourrasque devient une tempête ; et
le corsaire et sa prise, poussés sur la côte d'An-

gleterre, sont forcés de chercher un refuge
dans le port de Plymouth, où la prise, à son
tour, amarine le corsaire et fait prisonnier l'é-
quipage. Le pauvre Dumont, cruellement désapointé, attendit quatre mois, sur un ponton, un
échange de prisonniers, où il se trouva compris.

De retour à Paris, moins avancé qu'au moment de son départ, il continua d'y être dupe
des coquetteries de la Fortune, qui se plaisait à
lui retirer ses faveurs au moment où il croyait
les obtenir. Il se maria, et ce fut le plus cruel
de ses désapointemens : la mort y mit le comble
et le terme, en le surprenant à la suite d'une
maladie dont, sur la foi des médecins, il se
croyait parfaitement guéri.

Une aussi longue série de contre-tems peut
passer pour une véritable infortune. Les désapointemens proprement dits sont les malheurs
des gens heureux : ils ont cela de particulier,
qu'au lieu de les plaindre on est presque toujours tenté d'en rire. L'homme qui n'a rien à
désirer, et qui s'afflige des petites contrariétés
qu'il éprouve, est un personnage véritablement
comique, et je suis étonné que le théâtre n'en
ait pas encore fait son profit.

D'Etange est le type des caractères de cette espèce. Il est né avec une très-grande fortune, que son aïeul a pris la peine de faire, et que son père a considérablement augmentée : il n'a guère plus de quarante ans ; il jouit d'une bonne santé et d'une réputation excellente, dont il ne faut pas trop rechercher la source. Si l'on ajoute à cela qu'il est doué d'un esprit d'ordre qui ne lui a jamais permis de voir la fin de son revenu ; qu'il a, de plus, un estomac imperturbable et un cœur froid et sec, on croira pouvoir se dispenser de le plaindre, bien qu'il soit, en effet, l'heureux le plus malheureux du monde, grâce aux désapointemens auxquels il est sujet, et qu'il supporte plus impatiemment que personne.

D'Etange a singulièrement perfectionné les dispositions que la nature lui a données pour la gourmandise ; et, comme sa table est excellente, il mangerait toujours chez lui, s'il ne trouvait son profit à dîner souvent chez les autres, après s'être bien assuré, cependant, qu'on ne le traitera pas sans façon. Ce qu'il pardonne le moins, c'est un mauvais dîner ; un de ses cousins vient d'en faire l'épreuve. D'Etange

avait été invité chez ce parent quinze jours d'a-
vance, et l'on avait eu soin de le prévenir qu'il
trouverait au rendez-vous une carpe du Rhin,
un quartier de pressalé, des truites du lac de
Genève, et, qui plus est, une soupe à la tortue.
Il vivait depuis quinze jours sur l'espoir d'un si
bon repas; mais une erreur de date dans le
billet d'invitation fut cause qu'il arriva le lendemain du festin, et qu'il fut obligé de se contenter d'un dîner de famille dont il a gardé,
trois mois, rancune à son cousin.

Dans les dernières élections qui viennent de
se faire, d'Etange, en attendant qu'il soit nommé pair, s'était mis en tête qu'il devait être élu
député : non qu'il attachât aucun sens au mot
de *patrie* ou de *citoyen*, non qu'il se soit occupé
jamais des *droits* de la nation, des intérêts de
l'Etat, des prérogatives du trône ; mais il crai-
gnait, disait-il, de se soustraire aux vœux de
son département. Il se rend dans le chef-lieu,
donne à dîner aux électeurs, et n'obtient que
trois votes au dépouillement du scrutin : son
ambition désapointée en a fait un républicain.

L'expérience de la vie n'est qu'une suite de
désapointemens. La vérité que l'on découvre

ne répond jamais à l'idée qu'on s'en était faite avant de la connaître. *Quoi! ce n'était que celà!* est presque toujours la première exclamation qui échappe à la jeunesse, à la vue d'un objet nouveau. C'est la faute de l'éducation, qui tend à éveiller l'imagination avant de former le jugement. Je m'éloignerais trop de mon sujet en cherchant à développer cette idée par des exemples.

Il est des désapointemens qu'on ne peut appeler de ce nom que quand on en a passé l'âge. Edmond vient d'obtenir de la beauté qu'il adore un quart d'heure d'entretien secret qu'il sollicite en vain depuis six mois ; la semaine entière qui doit s'écouler suffit à peine au rêve de ses espérances. Le jour tant désiré se lève ; tous les obstacles sont prévus, toutes les mesures sont prises : l'heure approche ; il part, il vole ; il a évité pendant la route vingt fâcheux qui s'étaient donné le mot pour retarder son bonheur ; il arrive enfin : comme son cœur palpite ! comme sa main tremble en soulevant le marteau de la porte ! Elle s'ouvre ; il monte l'escalier quatre à quatre, il entre..... O désapointement cruel ! Un père, un oncle, un mari, que sais-je? est retenu au logis par une incommodité subite ; c'est lui qui reçoit le pauvre Alphonse, dont l'imagination n'a travaillé, depuis huit jours, qu'à se procurer l'occasion de faire un cent de piquet avec un vieux malade.

De tous les désapointemens, le plus funeste par ses conséquences, et le plus comique par ses moyens et par son résultat, c'est celui d'un mauvais mariage, où les deux parties contractantes se sont volontairement et mutuellement trompées. Rien de plus plaisant que le lendemain d'une pareille noce. Le mari avait passé sur la laideur de sa femme, parce qu'il comptait sur sa fortune ; la femme avait passé sur l'âge et sur les défauts de son mari, parce qu'elle comptait sur l'éclat d'un rang et d'un nom qui devait rejaillir sur elle : l'un et l'autre avaient cru devoir montrer d'autant plus de confiance, que chacun en avait également besoin. Le moment de l'explication arrive : l'une ne possède que l'usufruit d'un bien qui appartient à des enfans mineurs, lesquels vont bientôt cesser de l'être ; l'autre se targuait d'un titre qu'on lui ôte, et d'un nom que malheu-

reusement, on lui laisse : tous deux s'aperçoivent
trop tard de la sottise qu'ils ont faite, et leur
désapointement devient leur punition.

Les désapointemens littéraires ont aussi leur
côté plaisant. Que de gens ont spéculé sur le
succès d'une Ode dont le nom du héros était
malheureusement en rime à chaque strophe !
Que de créanciers désapointés après la représentation d'une pièce de théâtre dont l'auteur
avait assigné le paiement de ses dettes sur le
produit de ses droits !

Dans la liste des désapointemens habituels,
j'oublierai d'autant moins celui des lecteurs de
journaux, que j'ai bien peur, en achevant cet
article, d'avoir en même tems fourni le précepte et l'exemple.

LES INTRIGANS.

—

Ne descendons jamais dans de lâches intrignes ;
N'allons pas aux honneurs par de honteuses brigues.
Pir., *Métr.*

De tous les vices inconnus chez les peuples sauvages, l'intrigue est celui dont on peut le moins y soupçonner l'existence. Je possède un vocabulaire polyglotte de presque tous les idiômes des peuplades des deux Amériques, et je n'y trouve pas un seul mot qui puisse, je ne dis pas exprimer, mais seulement donner une idée de celle que nous attachons au mot *intrigant*. Si l'on disait à un habitant des bords du Missori, en employant une longue périphrase, qu'il existe en Europe une classe nombreuse de gens assez industrieux pour obtenir, par adresse, ce qui ne doit être accordé qu'au talent et au mérite ; qui ont réduit en préceptes l'art de trom-

per et de feindre ; qui spéculent sur la bonne
foi des autres, et qui prouvent, contre l'axiôme
des mathématiciens, que la ligne courbe est la
plus courte pour arriver au but qu'ils propo-
sent ; qu'au moyen de cette science de l'intrigue
on passe, en peu de tems, de la misère à l'opulence, du mépris à la plus haute considération, et
d'un grenier dans un hôtel ; qu'on franchit quelquefois, du premier bond, l'intervalle qui sépare
la caserne du quartier-général, et les tréteaux du
boulevart de la Comédie - Française ; si l'on
disait à cet enfant des bois que l'intrigue apla-
nit toutes les difficultés, rapproche toutes les
distances, dispense de tous les titres, ouvre
toutes les portes, depuis celle du greffier de
village jusqu'à celle du palais des souverains,
depuis celle de l'Athénée jusqu'à celle de l'Institut, mon sauvage, émerveillé de semblables
prodiges, désirerait sans doute qu'on lui com-
muniquât les secrets de l'art qui les opère ; mais
si l'on ajoutait qu'il faut commencer par vouer
sa vie entière aux remords et à la honte ; qu'il
faut payer chacun de ses succès par une injustice ou par une infamie ; qu'il faut savoir, au
besoin, sacrifier sa patrie, ses amis, sa fa-

mille; dévorer des affronts, supporter des injures, mendier des mépris; qu'il faut se faire
un caractère malléable propre à recevoir toutes
les empreintes, même celle de la probité; qu'il
faut savoir ramper entre les caprices des grands
et ceux de la canaille, et, si vous venez à être
foulé par mégarde, baiser gracieusement le
pied qui vous écrase : je suis bien certain que
l'habitant des bois, à qui vous offririez des trésors et des palais au même prix, vous redeman-
derait bien vîte ses forêts et sa cabane, seul
asile où l'intrigue ne pénètre pas. Son empire
est en Europe, et ses principales résidences à
Londres et à Paris.

Je suis un grand ami des lumières (j'entends
des lumières qui éclairent et ne brûlent pas),
je crois au perfectionnement de l'espèce humaine
(mais non pas à sa perfectibilité indéfinie; car je
trouve partout des limites en - deçà desquelles
l'homme est invinciblement retenu) : en consé-
quence de mes opinions, il doit donc m'en
coûter de convenir que les progrès de ce vice
odieux de l'intrigue sont partout en raison des
progrès de la civilisation.

La révolution, en établissant du moins en

principe une sorte d'égalité de droits entre
les citoyens, a ouvert un champ plus vaste à
l'émulation : l'intrigue s'en est aussitôt emparée.
De mon tems il était difficile qu'un homme,
quel que fût son mérite, pût franchir les barrières que sa condition avait mises à son avancement : en entrant dans la carrière, il voyait
l'espace qu'il avait à parcourir et le point où il
serait forcé de s'arrêter. Son ambition se bor-
nait nécessairement à y arriver le plus vîte possible. Il ne serait jamais venu dans l'idée d'un
conseiller à la cour des aides de Montpellier de
devenir un jour chancelier de France : un huissier au Châtelet n'avait pas la prétention de devenir premier président ; et, malgré l'exemple de
Catinat et de Fabert, je ne pense pas qu'un
soldat s'engageât alors dans l'espoir d'arriver au
grade de maréchal de France. Tous les rangs,
tous les emplois, toutes les dignités sont maintenant accessibles au mérite ; s'il y parvient plus
rarement depuis qu'il a le droit d'y prétendre,
c'est qu'il est plus facile de vaincre les préjugés
que de déjouer l'intrigue.

Cette dernière réflexion appartient à un
vieil encyclopédiste, nommé d'Angeville, qui

demeure dans mon voisinage, et avec qui j'a-
gitais dernièrement la question que je traite
aujourd'hui.

« Les intrigans, me disait-il, se divisent en
quatre classes bien distinctes : *les intrigans de
fortune*, *les intrigans littéraires*, *les intrigans de
cour* et *les intrigans politiques* : chacune de ces
classes a son prototype, que je me charge de
vous faire connaître, en vous les montrant au
point de départ et au moment de l'arrivée, sans
m'engager à vous indiquer au juste le chemin
qu'ils ont suivi; car il en est de ces gens-là comme
de ces petits ruisseaux qu'on voit s'enfoncer
dans la terre à peu de distance de leur source, et
qui, par un travail souterrain où l'on ne saurait les suivre, vont ressortir à plusieurs lieues
de là, avec tout le fracas et toute la majesté
d'un grand fleuve.

» Vous m'avez déjà entendu parler d'un gros
Gerneval : cet homme est riche de cinq millions,
et ne paie pas soixante francs d'imposition foncière. Comment a-t-il fait cette immense fortune ? Elle ne lui est pas venue par héritage.
Son père, qui tenait à Brest une petite boutique
de perruquier, à côté de l'hôtel des gardes de

la marine, était le plus riche de la famille. Avec
une figure bassement désagréable, sans usage
du monde, sans talens, il n'est pas présumable
qu'il ait trouvé auprès des femmes le moyen de
parvenir; privé de toute espèce d'esprit, même
de celui des affaires, il n'a trouvé de ressource
ni dans le travail, auquel on ne l'a jamais vu se
livrer, ni dans aucun genre d'industrie, dont il
est incapable. Qu'a-t-il donc fait? Il a intrigué.
Après avoir spéculé quelque tems au Perron
sur les assignats, et avoir gagné une centaine
de mille francs sur les pensions alimentaires des
rentiers réduits au tiers consolidé, il servit ensuite *d'homme de paille* à un fournisseur dont il
a pris sur lui les iniquités, et qu'il a forcé, en
sortant de prison, de partager avec lui les bé-
néfices d'une affaire dont il avait seul couru tous
les risques.

» Ce petit démêlé avec la justice l'éloigna
pour un moment de la scène financière, où il
reparut armé d'un projet dont l'exécution ébranla
le crédit de plusieurs grandes maisons de France.
Trois millions restèrent entre ses mains comme
gage des réclamations qu'il avait, disait-il, à
exercer envers le gouvernement, qui le poursui-

vait comme débiteur envers lui du double de cette somme. Dans un moment de gêne du trésor public, il accommoda cette affaire au moyen d'un prêt de quelques millions qu'il fit au gouvernement, et pour la garantie desquels il voulut bien se contenter de quelques milliers d'arpens de bois, qu'il revendit avec bénéfice. J'ignore le chemin qu'il a fait depuis, mais on peut en juger par ses premiers pas.

» Tant de routes mènent à la richesse, qu'on peut supposer qu'un aveugle même y arrive; aussi la fortune de Gerneval m'étonne-t-elle beaucoup moins que celle de ce Favigny, qui s'enorgueillit si plaisamment des honneurs auxquels il est parvenu en exploitant une branche d'industrie qui s'est singulièrement perfectionnée de nos jours, sous le nom d'intrigue littéraire : c'est elle qui fait les réputations, distribue les places et assigne les rangs. On ne pense plus à produire, on pense à se faire prôner ; on ne cherche plus à se faire des titres, mais à se procurer des suffrages ; on mendie, on achète des éloges dans les journaux; d'une chute on y fait un succès, d'un succès un triomphe ; un ouvrage croule-t-il sous les sifflets, le lendemain un journaliste ami, pour consoler l'auteur, lui cite l'exemple de *Phèdre* et du *Misantrope*. On se présente à l'Académie avec un vaudeville, un feuilleton ou un discours ; on élabore pendant vingt-quatre heures une brochure de circonstance où des feuilles vénales découvrent le germe d'un grand talent ; les réputations se font par entreprise : c'est ainsi que Favigny a obtenu la sienne. Si, du moins, cet homme eût *imité de Conrade le silence prudent*, on pourrait lui supposer un mérite modeste qui ne s'est point encore trahi ; mais on a lu sa prose, mais on a entendu ses vers, et l'on est en droit de se demander par quel miracle d'intrigue, en partant de si bas, on parvient à s'élever si haut *avec des ailes attachées à rebours ?*

» L'intrigue à la cour est dans son élément naturel ; mais comme on y réussit difficilement sous un nom vulgaire, elle s'y fait appeler l'ambition. La foule des intrigans de cour est si nombreuse qu'elle ressemble à une armée où les soldats sont si pressés qu'ils n'ont pas l'espace nécessaire pour manier leurs armes. On y distingue cependant, depuis une cinquantaine d'années, l'imperturbable d'Azeroles. En vain les

révolutions se sont succédées ; en vain le palais
a changé de maître ; il est constamment resté
fidèle.... aux Tuileries : toujours à son poste,
l'épée au côté, l'œil au guet, l'oreille aux écou-
tes, personne n'entre qu'il ne le suive, personne ne sort qu'il ne le pousse. Il a toujours
sa poche pleine de chausses-trapes qu'il sème
sur le chemin de ses rivaux, chez lesquels il a
grand soin de se faire écrire quand il les a blessés. Il y a des paris ouverts que d'Azeroles
mourra en montant ou en descendant le grand
escalier.

» Les intrigans politiques sont de création
moderne ; ils ont pris naissance avec le gouvernement représentatif, dont la lumière vivifiante,
comme celle du soleil, fait malheureusement
éclore une foule d'insectes qui l'obscurcissent :
j'ai assisté depuis 1789 à toutes les assemblées
électorales de mon département, et je viens de
participer aux dernières élections du collége
dont je suis membre. Quel foyer d'intrigues !
Que de sourdes menées ! Que de promesses sans
garantie ! Que de mauvaise foi, de préjugés
ou d'insouciance dans l'exercice du plus important, du plus noble des droits du citoyen ! Une

autre fois je vous mettrai sous les yeux le tableau
d'une assemblée électorale : je me borne aujour-
d'hui à vous faire en peu de mots l'histoire d'un
de ces hommes qui figurent depuis vingt ans
dans toutes les assemblées politiques à l'insu des
électeurs qui les ont nommés, et qui les renom-
meront sans cesse, en se demandant toujours
comment la chose a pu se faire.

» M. Dufresny, gentilhomme et roturier
suivant le tems, habitait la Provence en 1789,
et faisait partie de l'assemblée de bailliage, où
Mirabeau, par ses soins, venait d'être élu député du tiers-état. Le crédit de ce dernier le fit
appeler comme suppléant à l'assemblée consti-
tuante. Dufresny, sans aucune espèce de talent
ou d'instruction, avait de la mémoire et de
l'éclat dans la voix; Mirabeau s'en servit plus
d'une fois en enfant perdu, pour hasarder
la proposition qu'il voulait soutenir ou combattre. L'adresse qu'il avait eue de faire accoler
son nom dans les journaux à celui d'un grand
orateur lui valut d'être appelé à la convention
nationale. Il se cacha fort habilement dans un
des comités les plus obscurs, jusqu'au 9 ther-
midor, où il se présenta comme un des accusa-

teurs de Robespierre. Il prévit d'assez loin la
fortune d'un directeur fameux, au parti duquel
il resta fidèlement attaché jusqu'au 18 brumaire.
Sa prévoyance n'alla pas jusqu'à deviner quelle
serait l'issue de cette journée; aussi passa-t-il
la nuit du 17 au 18 à faire composer, sous ses
yeux, deux adresses au peuple français, l'une
en faveur du directoire, et l'autre en l'honneur
du général. Il ne fit imprimer cette dernière
qu'au retour de Saint-Cloud. Sa nomination au
tribunat en fut la récompense. Son opinion pour
le consulat à vie, qu'il avait payée généreusement à un entrepreneur littéraire, le conduisit
au conseil – d'état, où il fut fâché de n'avoir
qu'un vote à donner pour l'établissement de
l'*Empire*.

» Le hasard (si le hasard entre pour quelque
chose dans l'histoire d'un habile intrigant) voulut qu'en 1814 il se trouvât en mission dans un
des départemens méridionaux, où il arbora le
premier le drapeau blanc; heureux de pouvoir
donner à son prince la preuve d'un dévoûment
d'autant plus entier, qu'il avait été comprimé
pendant vingt-cinq ans! Il sollicita et obtint,
pour prix de ses services, une mission extraor-

dinaire, qui le mit en mesure de féliciter un des premiers Bonaparte sur son *heureuse* apparition. »

J'ai laissé parler mon vieil encyclopédiste sans l'interrompre ; c'est un philosophe dans la véritable acception du mot : il aime son prince, son pays et la liberté, avec la même ardeur, et ne connaît de patriotisme que dans la réunion de ces nobles sentimens.

N° XLVII. — 31 *mai* 1815.

LES DUPES.

—

Non nostrate culpâ facimus, ut malis expediat esse,
Dùm nimiùm dici nos bonos studemus et benignos.

TER., *Phor.*, act. 5.

C'est notre faute, si les méchans trouvent en nous des
dupes ; cela vient du soin que nous prenons de paraître fa-
ciles et commodes.

LA civilisation se perfectionne, les dupes dimi-
nuent, et l'on ne doit pas désespérer de voir
arriver un ordre de choses tel que la société
n'étant plus composée que de fripons , et chacun
se tenant en garde contre son voisin, il résultera
de cette surveillance continuelle et respective
un état de corruption parfaite dans lequel la sûreté particulière naîtra de la mauvaise foi générale : avantage qui ne se trouve pas encore dans
nos mœurs actuelles, où l'intrigue et la ruse

LES DUPES.

Desenne del.   Johannot sc.

rencontrent çà et là quelques honnêtes gens propres à faire des dupes.

La perfection, même en ce genre, est difficile à atteindre; mais nous y arriverons : les progrès sont déjà sensibles, et la friponnerie (qu'on me passe ce mot un peu dur) se civilise à vue d'œil : depuis qu'elle est admise dans la bonne compagnie sous le nom d'intrigue, ceux qui s'en font un état portent dans l'exercice de leurs fonctions un vernis de politesse, une fleur de galanterie, une recherche de soins et de manières qui rendent leur commerce fort agréable quand on a cessé d'être leur dupe; car c'est ordinairement par là qu'il faut commencer : c'est un tribut qu'on leur doit, et l'on ne vous en estime pas moins pour l'avoir payé; mais la continuation de ce rôle finit par vous rendre ridicule; car, par une étrange contradiction dans nos mœurs, une dupe, en France, est tout près de passer pour un sot.

Je suis arrivé dans ce pays avec tout ce qu'il fallait pour me faire cette double réputation : de vieux souvenirs de ce qu'on appelait, il y a quarante ans, le grand monde, entés sur des habitudes de province, font nécessairement de moi un excellent sujet de mystification ; aussi, depuis que je suis à Paris, ai-je déjà vu rôder autour de moi plusieurs de ces honnêtes gens qui spéculent si avantageusement sur la simplicité de leurs nouvelles connaissances. Si jamais je suis curieux d'évaluer à combien peut se monter l'impôt que l'adresse met ici sur la bonne foi, je pourrai partir d'une donnée certaine, en me prenant moi-même pour terme de comparaison.

Je conçois facilement qu'un homme se ruine dans des maisons de jeu ; qu'il ait mauvaise opinion des femmes qu'il a rencontrées à l'orchestre de l'Opéra ou au boulevart de Coblentz ; qu'il se plaigne d'avoir été trompé par des amis qu'il s'est faits au foyer de l'Ambigu-Comique ou au café de la Porte-Saint-Martin : il est des écueils signalés par tant de naufrages, qu'on ne peut se plaindre que de son imprudence lorsque l'on y échoue ; mais lorsqu'on ne forme que des liaisons avouées par l'honneur, lorsque l'on n'aime et ne recherche que la meilleure compagnie, n'est-on pas en droit de s'y croire en sûreté, et ne peut-on, sans passer pour un niais, *

* Expression à la mode, qui s'applique à tous les genres de confiance et de probité.

accorder quelque confiance à ceux qui la composent? Mon exemple répondra à cette question.

J'avais d'abord formé le projet de retrouver dans mon hermitage de la forêt de Senard une partie de mes sauvages habitudes; mais la curiosité publique me poursuit dans ma retraite, et la nature des occupations littéraires que je me suis imposées me fait la loi de partager ma vie entre la solitude et le grand monde.

Mon air emprunté, ma politesse gothique, mes manières d'autrefois (qui devraient cependant paraître moins étranges aujourd'hui), me laissaient en butte à tous les importuns, à tous les impitoyables questionneurs du salon. Le jeu m'offrait un moyen de leur échapper; je n'acceptai cependant qu'avec répugnance la proposition que me fit Mme de L*** de me mettre en quatrième à une partie de boston composée de trois femmes qui n'ont probablement jamais eu d'occupation plus sérieuse de leur vie, et qui auront à se reprocher au jour du jugement les douze mortelles heures d'ennui qu'elles ont imposées à ma politesse, et dont je fus la dupe pendant une semaine entière.

Le chevalier de Sornay voulut bien me prendre en pitié, et s'offrit généreusement à faire
avec moi, d'habitude, un piquet à écrire, que
je joue fort bien; ce qui ne l'empêchait pas de
me gagner, tous les soirs, mon argent, comme
le petit Suisse du chevalier de Grammont,
en me demandant pardon de la liberté grande.
Je n'accuse personne, et je veux bien croire
que la fortune, entr'autres caprices, a celui de
réserver au moins trois *as* à M. le chevalier
foutes les fois qu'il *donne;* mais il y a des ha-
sards si constamment heureux, qu'on est tenté
d'en médire, et de se croire la dupe du sort
dont on est victime. Quoi qu'il en soit, le jeune
homme qui m'exposait à commettre cette injustice avait de si bonnes manières, il gagnait
avec une si grande égalité de caractère, et je
perdais de si mauvaise grâce, que la galerie
semblait prendre à son jeu un véritable intérêt,
et s'amuser beaucoup de l'humeur avec laquelle
je déliais chaque soir les cordons de ma bourse
pour lui payer le tribut de quelques pièces d'or
qu'il m'avait imposé. Je ne sais combien aurait
duré ma persévérance à lutter contre l'adresse
du chevalier, qu'il appelait sa fortune, si je

n'eusse été charitablement averti par un M. de
Ramès, que je voyais habituellement chez
Mme de Lorys : il vint me trouver un matin, et,
d'un ton plein de franchise et d'intérêt, après
m'avoir parlé de procédés, de délicatesse, de
cette réciprocité d'égards qu'on se devait entre
honnêtes gens, il me prévint que le chevalier
de Sornay était un homme du monde infiniment
aimable, mais si bien connu pour jouer à coup
sûr, que, depuis long-tems, il ne trouvait plus
de dupes pour faire sa partie. Je promis bien
de ne plus être la sienne, et je remerciai beaucoup M. de Ramès, qui termina l'entretien en
m'empruntant une vingtaine de louis, avec des
formes si polies, si délicates, que j'étais tenté
de le remercier encore d'avoir bien voulu
s'adresser à moi.

Au moment où j'achevais de lui compter cette
somme, arriva M. de Mervieux. Depuis une quin-
zaine de jours qu'il avait été présenté dans la
maison, où j'avais occasion de le voir, il m'a-
vait témoigné le désir de se lier plus particulièrement avec moi : il me consultait, me faisait part des nouvelles qu'il avait apprises, me
demandait mon avis en homme tout-à-fait dis-

posé à régler ses opinions sur les miennes : « Je suis sûr, me dit-il, lorsque Ramès fut sorti, que vous venez d'être dupe, et que la personne qui vous quitte en ce moment vous a emprunté quelques louis ? C'est un homme qui n'a d'autres revenus que ses dettes, et à qui l'on se garde bien de redemander l'argent qu'on lui prête, de peur qu'en vous le rendant une première fois il ne vous attrape une seconde. » Je fis mon profit de l'avertissement, et nous parlâmes d'autre chose. La politique eut son tour ; M. de Mervieux., à mon grand étonnement, se montra zélé partisan d'un homme et d'un ordre de choses auxquels on peut, à certains égards, accorder des regrets, mais sur lesquels on ne pourrait fonder que de folles espérances : je m'en expliquai de cette manière ; je me montrai, dans le cours de cet entretien, tel que je suis : également éloigné du despotisme et de l'anarchie, également ennemi des révolutionnaires et des réacteurs, et convaincu, comme de la nécessité de mourir, qu'il n'y a de salut et d'avenir pour la France que dans la réunion de tous les sentimens, de toutes les volontés, de toutes les forces, pour l'établissement du

gouvernement monarchique et constitutionnel.
M. de Mervieux finit par se ranger à mon opinion, et me quitta, pénétré, en apparence, de
mes principes, qui devaient être, ajouta-t-il,
ceux de tous les bons Français.

Je le rencontrai le même jour à dîner chez
Mme de L***; il était assis, à table, auprès de
moi ; sa contenance me parut embarrassée : il
écoutait beaucoup, parlait peu, et ne répondait
qu'à voix basse aux questions que je lui adressais
tout haut.

Le lendemain, je fus invité à me rendre chez
un *magistrat de sûreté*, qui me rapporta une
partie de la conversation que j'avais eue la veille
avec M. de Mervieux, et dans laquelle on m'attribuait les opinions que j'avais combattues. Je
n'eus pas de peine à ramener aux termes de
la vérité une dénonciation dont je ne pouvais
méconnaître l'auteur ; mon âge, ma position,
tout parlait pour moi, dans cette explication
avec un homme d'esprit et de bon sens, qui me
congédia poliment en m'adressant ces paroles :
« Quand vous serez seul avec un ami que vous
connaîtrez, parlez à cœur ouvert, raisonnez ou
déraisonnez en politique tant qu'il vous plaira ;

mais, si vous êtes trois, n'oubliez pas que je
suis avec vous. »

Je sortis fort content du magistrat, mais furieux contre le misérable qui m'avait fait faire
connaissance avec lui, et je n'eus rien de plus
pressé que d'entrer chez Mme de Lorys pour
lui raconter mon aventure : j'y trouvai mon
voisin de campagne, le philosophe encyclopédiste, dont j'ai parlé dans mon dernier Discours:
« Vous êtes un très-vieil enfant, me dit-il ; vous
n'avez pas la moindre idée du monde où vous
vivez ; et, au milieu de Paris, vous parlez, vous
agissez, comme si vous étiez encore dans les
forêts de la Guiane. Ce n'est pas assez d'avoir
changé d'habit, il faut aussi changer d'habitudes,
ou vous attendre à être dupe de tout ce qui vous
entoure. Depuis long-tems la meilleure compagnie est soumise à l'espèce d'inquisition dont
vous venez de faire l'épreuve ; c'est un des bienfaits du dernier gouvernement, à qui l'on doit
la création de cette armée d'espions dont la
France est encore infestée. M. de Mervieux est
probablement un membre de cette honorable
milice ; Mme de Lorys va lui faire fermer sa porte,
et il sera remplacé, huit jours après, par quel-

qu'autre honnête homme de la même espèce qui trouvera le moyen de se faire présenter chez elle.

» — C'est donc une caverne que votre Paris, lui répondis-je en colère ; je n'y vois qu'intrigue, que perfidie, que délation : celui-ci me vole mon argent au jeu ; celui-là me l'emprunte avec l'intention de ne jamais me le rendre ; l'un me trompe, l'autre me dénonce, et c'est-là ce qu'on appelle la société, la civilisation !.... — Ce sont quelques-uns des abus de l'une et de l'autre : rendez grâce à votre âge, qui vous met à l'abri d'un certain genre de duperie dont je veux, pour votre consolation, vous citer un exemple qui n'a pas plus d'un mois de date.

» Un ancien jurisconsulte de mes amis, Mérival, était arrivé à près de cinquante ans sans être marié ; il avait de vieilles préventions contre les femmes ; et, depuis cinq ou six ans qu'il commençait à sentir l'inconvénient d'être seul, il cherchait en vain, dans la société brillante où il vit, une femme qui réunît les qualités qu'il voulait absolument trouver dans la sienne.

» Mérival, qui demeure près des Tuileries, a l'habitude de se promener tous les jours une

heure, dans la matinée, en lisant les journaux.
Il avait eu l'occasion de remarquer plusieurs
fois à la même place une femme d'une trentaine
d'années, d'une figure agréable, et de l'air du
monde le plus décent, accompagnée d'un enfant
qui jouait, tandis que la dame lisait avec une
attention qui se partageait entre son livre et
l'enfant, dont elle surveillait les jeux avec une
tendre sollicitude. Un jour que Mérival était
assis près d'elle, je ne sais quelle circonstance
l'enhardit à lui adresser la parole ; la dame répondit avec grâce et précision, et reprit sa lecture de manière à faire croire qu'elle ne désirait
pas continuer l'entretien. Mérival n'en fut que
plus empressé, une autre fois, à chercher à
en faire renaître l'occasion : on s'y prêta plus
volontiers, et au bout de quelques jours on en
vint, par des gradations ménagées de la part
de la dame avec beaucoup d'art, à des confi-
dences qui donnèrent à mon ami la plus haute
idée de l'esprit, des mœurs, de la conduite de
celle qui les lui faisait. Il obtint, avec beaucoup
de peine, la permission de l'accompagner
chez elle, et tout ce qu'il vit le confirma dans
l'opinion que le hasard lui avait fait rencontrer

la seule femme qui pût lui convenir. Je passe
sur une foule de circonstances, sur un enchaînement de séductions qui peuvent seuls rendre
croyable qu'un homme sage ait pu, sans con-
sulter personne, sans prendre conseil de sa
propre raison, se déterminer à épouser une
aventurière qui se donnait pour la veuve d'un
officier mort à la bataille de la Moskowa ; mais
qui n'était, en effet, qu'une de ces femmes que
l'on rencontre plus particulièrement aux Tuileries et sur les chaises du boulevart des Variétés, et que l'on désigne depuis quelque tems
sous le nom assez bien trouvé de *Chat-en-Poche*.
Je crois pouvoir me dispenser, par égard pour
mon ami, de m'expliquer plus clairement sur
une classe de femmes où il a jugé à propos
d'aller choisir la sienne. »

N° XLVIII. — 10 *juin* 1815.

LES DEUX CHAMPS-DE-MAI.

Vis rapiut, rapietque gentes.

Hor., *Ode* 11.

Une force inconnue entraîne et entraînera
toujours les nations.

Si les institutions des peuples suivaient invariablement la marche de leur civilisation, jamais les révolutions ne changeraient la face des
empires; ces orages politiques naissent presque
toujours du choc des lois et des mœurs poussées
en sens contraire. Les coutumes du 12ᵉ siècle
ne nous sont pas moins étrangères que la langue que l'on parlait à cette époque. Supposons
un moment qu'un Français du tems de Philippe-
le-Bel se réveillât au milieu de nous, et que, sa
généalogie en main, il nous prouvât et nous fît
reconnaître ses droits à la couronne de France:
ce nouvel Epiménide se plierait à nos mœurs, ou

déterminerait une révolution pour nous forcer
de nous plier aux siennes. Si quelque chose me
paraît démontré en politique, c'est qu'un souverain doit marcher avec son siècle, et qu'il
court également à sa perte en cherchant à le
faire reculer, ou en le devançant avec trop de
précipitation : l'un et l'autre exemples sont encore sous nos yeux.

Napoléon a fait de grandes choses; mais, ne
craignons pas de le dire, il n'a rien fait pour la
liberté; il a vu jusqu'où pouvait aller le dévouement des Français; il ne tient qu'à lui de savoir
jusqu'où peut aller leur reconnaissance. Qu'il
soit grand, et que la France soit libre ! ces
deux conditions sont désormais inséparables.

L'assemblée générale de la nation, convoquée
au *Champ-de-Mai*, peut devenir pour lui comme
pour nous une nouvelle époque de gloire. S'il
s'agissait de chicaner sur les mots, je deman-
derais pourquoi cette dénomination de *Champ-
de-Mai* ? Elle me fournira du moins l'occasion
d'un de ces rapprochemens historiques au moyen
desquels on peut mesurer d'un coup-d'œil l'espace qu'une nation a parcouru.

Voici comment s'expliquent, sur une de ces

assemblées du Champ-de-Mai en usage sous les
rois des deux premières races, les continua-
teurs de la Chronique de Frédégaire : *

« En l'année 766, Pépin assembla l'armée
» des Francs, ou, pour mieux dire, l'armée des
» nations qui composaient le peuple de la mo-
» narchie; il s'avança jusqu'à Orléans; là, il
» tint son conseil de guerre en forme de Champ-
» de-Mai (car ce prince est le premier qui ait
» remis au mois de mai l'assemblée qui se te-
» nait au mois de mars) : tous les Francs et
» tous les grands lui firent des présens considé-
» rables. » Voilà tout ce qu'on nous apprend
de cette assemblée, la première qui soit connue
sous le nom de *Champ-de-Mai*. Antérieurement
à cette époque, les Francs se réunissaient par
tribus au *Champ-de-Mars*, pour y délibérer sur
la paix à faire, ou sur une nouvelle campagne à
entreprendre: « Ainsi, comme dit l'abbé Dubos,
*ces assemblées n'étaient que de grands conseils de
guerre.* »

Vers la fin de la seconde race, le régime
féodal s'établit en France sur les débris de la
puissance royale; les titres, les charges per-

* *Chr. Fred. contin. Ad. ann.*

sonnelles devinrent la propriété de quelques familles : tout officier civil ou militaire eut un *fief*, et, comme dit Loyseau, « *on entendit pour la première fois le nom de suzeraineté , mot aussi étrange que cette espèce de seigneurie était absurde.* »

La cour des rois ne fut plus que le rendez-vous d'une foule de petits souverains qui, n'osant pas encore parler de leurs sujets, désignaient les habitans de leur terre par le nom de *vassaux*, qui emportait à-peu-près la même idée. Ces grands et petits *feudataires* venaient trafiquer de leurs *serfs* avec le monarque, dont ils méconnaissaient souvent l'autorité. La tyrannie de ces petits despotes, toujours croissante jusqu'au règne de Philippe-le-Bel, détermina ce prince à convoquer une assemblée générale de la nation, où, pour la première fois, le peuple obtint une ombre de représentation.

Les Etats s'assemblèrent le 10 avril 1302, quelques mois après la malheureuse bataille de Courtrai. J'ai trouvé, dans un supplément manuscrit, à l'ouvrage du savant prieur de Neu-ville-lès-Dames, des détails assez curieux sur cette mémorable cérémonie ; j'en extrairai quelques passages, où les mœurs du tems sont peintes avec beaucoup de vérité, et que j'ai traduits en français moderne.

« Le roi (dit Joachim Legrand), dans les circonstances difficiles où il se trouvait, se décida, par le conseil d'Enguerrand de Marigny, à convoquer une assemblée générale des trois ordres du royaume. Le chancelier Pierre Flotte adressa des *lettres closes* à tous les prélats, à tous les seigneurs, à tous les députés des provinces, villes, universités et maisons religieuses. L'église Notre-Dame avait été assignée pour le lieu de la convocation, et le roi, malgré le mauvais état de ses finances, se crut obligé de déployer en cette occasion tout le luxe de la majesté royale. Deux trônes avaient été disposés dans le chœur, l'un à droite du maître-autel, pour le roi ; l'autre à gauche, pour la reine ; les grands vassaux de la couronne et les députés du clergé remplissaient le chœur, sur des fauteuils armoriés ; la nef était occupée par les syndics des communes. Le roi Philippe, vêtu d'une robe de drap d'or, recouverte par le haut d'une épitoge d'hermine, se rendit, à cheval, de son palais à Notre-Dame, précédé par 5oo hommes d'armes, formant quatre compagnies, dont la première était armée d'arbalètes, la seconde de lances, la troisième d'épées, et la quatrième de *gasarmes*. * Le roi marchait immédiatement devant la litière de la reine, portée par douze varlets, richement vêtus de soubre-vestes de drap d'argent. Les deux jeunes princes, Philippe, comte de Poitou, et Charles, comte de la Marche, étaient à côté de leur mère, tandis que leur frère aîné, Louis de France, âgé de treize ans, était à cheval, auprès du roi son père. Les pages, au nombre de vingt-cinq, et le grand-écuyer, Gautier de Launay, entouraient la litière. Le maréchal Guy de Clermont fermait la marche, à la tête de deux compagnies d'archers, dont l'une était commandée par le fils du brave Raoul de Flamenc, et l'autre par Jean de Corbeil.

Le roi et la reine furent reçus par l'évêque de Paris, à la tête de son clergé, sous deux dais de moire blanche à franges d'or : on célébra la

---

* Espèce d'épée armée d'un fer tranchant et large par le milieu.

messe du Saint - Esprit ; après quoi Raoul de
Perreau, maître-d'hôtel, fit placer chacun selon
son rang. Les tribunes étaient occupées par tout
ce que Paris renfermait de gens de distinction ;
dans celle qui faisait face au trône de la reine ,
on remarquait le satirique Jean de Mung, qui
faisait son profit, pour son roman de *la Rose* ,
des agaceries de Jeanne de Navarre et du grand
écuyer.

Philippe s'étant levé, prononça ces mots :
« Seigneurs français, et vous gens de *l'état po-*
» *pulaire* ,* vous ai fait assembler pour ouïr ce
» qu'est bon que faisiez pour le bien de ma per-
» sonne et les libertés du royaume. » Le chancelier Pierre Flotte ayant ensuite pris les ordres du roi, prononça un discours sur la situation de la France, dans lequel il s'éleva forte-
ment « contre les entreprises du pape Boniface VII, qu'il qualifia des noms les plus ir-
révérens ; il fit sentir ensuite la nécessité de
continuer la guerre en Flandre, et finit par réclamer, au nom du Roi, des secours en hommes

* L'habit court était spécialement affecté aux gens du
peuple et aux paysans.

et en argent pour fournir aux dépenses de la
guerre et aux besoins de l'Etat. » Le roi demanda lui-même *que chaque corps déclarât lui-
même sa résolution par forme de conseil.*

Les comtes Gui de Saint-Pol , Jean de Dreux
et Guillaume Duplessis, seigneur de Vezenobre,
se portèrent accusateurs du pape , et protestè-
rent , ainsi que le roi , contre les bulles fulmi-
nées par Boniface. Le résultat de cette protes-
tation publique fut de faire partir immédiatement Nogaret pour l'Italie, avec l'ordre de s'em-
parer du pape , qui s'était retiré dans la ville
d'Anagnia ; cette entreprise hardie fut exécutée
quelque tems après, avec l'assistance de Sciarra-
Colonne , ennemi particulier de Boniface.

Cette assemblée, dont on fait grand bruit dans
l'histoire , fut dissoute sans avoir rien produit.
La noblesse y protesta de son dévouement au roi,
sans en donner aucune preuve ; *le clergé* voulut
en référer à un concile avant de statuer sur les
sacrifices qu'on exigeait de lui , et *le tiers-état*
s'en tint à une requête qu'il présenta à genoux,
pour supplier le roi de conserver la franchise
du royaume.

Le savant Joachim Legrand, auquel j'ai emprunté ce récit, voit dans cette assemblée, où le peuple fut admis, une continuation du *Champ-de-Mai*. Pasquier, en remarquant que le *tiers* y fut appelé séparément, et non conjointement avec la noblesse et le clergé, ne partage pas l'opinion de Joachim, et ne veut pas même compter cette assemblée au nombre des *états-généraux*, d'où il recule l'institution jusqu'au règne du roi Jean...

Je laisse Philippe-le-Bel protestant contre l'interdit de son royaume. Je franchis en un instant l'intervalle de cinq siècles, et je me trouve, au 4 juin de l'année 1815, témoin d'un événement semblable, agrandi de tout l'espace qui le sépare de celui dont je viens de rappeler le souvenir.

Le canon retentit sur toutes les hauteurs nouvellement fortifiées de cette antique capitale, dont la population entière se porte vers ce Champ-de-Mars, où se sont fait entendre, il y a vingt-cinq ans, les premiers cris de la liberté. Cette réflexion, que je fais en route, n'est pas exempte d'amertume, en songeant de combien de malheurs ces cris ont été le signal ; mais une longue et douloureuse expérience a mûri notre raison , et nous a trop appris à ne pas confondre le délire révolutionnaire avec la mâle énergie du patriotisme.

J'arrive dans cette vaste enceinte, et je prends place sur ce magnifique amphithéâtre où vingt mille électeurs, accourus de tous les points de la France, viennent, au nom d'un peuple grand , exprimer son vœu pour la liberté et ses craintes pour la patrie.

Je promène mes regards sur cette immense esplanade , que borne de toutes parts la foule des citoyens; où se déploie, au milieu des douze légions de la garde nationale, l'élite d'une armée qui a commandé quinze ans à l'Europe , et qui vient prendre , entre les mains de son chef, l'engagement de mourir s'il le faut pour cette même patrie qu'elle a si long-tems illustrée.

Midi sonne, des salves d'artillerie ont annoncé l'arrivée de Napoléon : il s'avance , au milieu des acclamations des soldats. Jamais spectacle plus imposant n'a captivé l'admiration des Français ; jamais d'aussi grandes destinées n'ont pesé sur la tête d'un seul homme , et

jamais des signes plus certains n'ont annoncé un
de ces grands événemens qui changent tout-à-
coup la face des empires : quelle en sera l'issue ?
Peu de mois, peu de jours peut-être vont nous
l'apprendre !

N° XLIX. — *8 juillet* 1815.

PROFESSION DE FOI POLITIQUE.

*Eheu! quantus equis, quantus adest viris
Sudor! quanta moves funera.*
Hor., *Od. XIII, lib.* 1.

Dieux! de quelle sueur sont trempés les chevaux et les cavaliers! Dieux! que de funérailles
s'apprêtent! a

Tout homme qui a reçu, ou qui même s'est
arrogé le droit d'écrire sur les hommes et sur
les choses de son tems, doit en toute circonstance être prêt à rendre compte de sa conduite
et de ses opinions politiques. La fortune dispense aux nations, comme aux individus, les
succès et les revers; elle couronne à son gré nos
efforts ou trompe nos espérances; mais elle ne
peut rien sur la vérité, sur la justice, dont le
tems et la réflexion assurent tôt ou tard le
triomphe : il est fâcheux seulement que ce ne
soit presque jamais au profit des contemporains.

Un an s'est écoulé depuis que j'ai continué,
sous le nom de *Franc-Parleur*, mes Observations sur nos mœurs : dans cette année, mar-
quée par une triple époque, et par un de ces
grands désastres dont l'histoire enrichit ses
sanglantes annales, les mœurs n'ont été que des
passions, les opinions n'ont été que des sentimens ; celui qui observait les unes et les autres,
a dû souvent les confondre, et, plus d'une fois,
des questions de morale se sont présentées dans
mes Discours sous la forme de discussions politiques. Les mêmes principes, l'amour de la
patrie, le sentiment de la dignité nationale,
m'ont constamment dirigé : c'est maintenant la
seule vérité dont il m'importe de convaincre
mes lecteurs.

Il est pour les nations des désastres si grands,
qu'ils font un moment taire tous les partis. Le
sentiment qu'ils inspirent ne peut être étranger
à aucun Français ; et quelle que soit la couleur
qu'il adopte, le prince qu'il sert, le gouvernement qu'il désire, la journé de *Waterloo* ne sera
jamais pour lui qu'un jour de larmes et de deuil.

Je laisse à ceux qui se dévouent exclusive-
ment au service et à la fortune d'un homme, à

la destinée duquel ils attachent la leur, s'ap-
plaudir des succès de l'étranger, ou s'affliger de
la chute de Napoléon : c'est dans l'intérêt de la
France que j'ai envisagé jusqu'ici les souverains
qui l'ont gouvernée, et le meilleur sera toujours
à mes yeux celui qui nous présentera le plus de
chances de bonheur et de liberté.

Après vingt-cinq ans d'une lutte épouvantable, la patrie, toujours déchirée, toujours
trompée dans ses vœux, toujours déçue dans ses
espérances, n'offre aujourd'hui que des lambeaux sanglans au vainqueur qui vient l'asser-
vir ou au prince qui vient y régner.

Je n'envie point aux *royalistes purs* la satisfaction qu'ils partagent avec nos ennemis ; je ne
m'associe pas au désespoir de quelques napo-
léonistes, qui ne regrettent peut-être dans la
victoire qu'un instrument du despotisme : je
pleure amèrement sur mon pays ; j'invoque un
ordre de choses qui puisse y ramener la paix,
seul bien auquel nous puissions désormais prétendre, puisque l'indépendance d'un grand
Etat a toujours été et sera toujours inséparable
de sa gloire.

En politique, des principes fermes ne sup-

posent pas toujours des opinions invariables :
celui qui veut avant tout le bonheur de son pays
le cherche dans toutes les situations qui se présentent, et n'hésite pas à tourner l'obstacle
qu'il ne peut franchir. Il n'appartient qu'aux
seuls partisans d'une faction d'affecter une vertu
inébranlable, et de marcher invariablement
dans la ligne de leurs intérêts privés, sans rien
sacrifier au bien public et à l'empire irrésistible des circonstances. Que ces factieux égoïstes
de différentes couleurs s'honorent seuls, aujourd'hui, du nom de Français, quand les divers
enfans de la France sont presqu'humiliés de le
porter ; qu'ils triomphent également, les uns
d'avoir manqué leur but, les autres de l'avoir
atteint : je persiste à ne voir en eux que des
hommes étrangers aux intérêts de la patrie. Les
vrais Français (au nombre desquels j'ai l'orgueil de me compter) sont ceux qui, tout en
admirantce qu'il y avait de grand dans le caractère de Napoléon, formaient depuis dix ans
une coalition tacite pour mettre un terme ou
du moins un frein à son ambition et à son despotisme.

Les vrais Français sont ceux qui, lorsque la

force des choses précipita du trône celui que la victoire y avait élevé, accueillirent avec joie Louis XVIII, et lui demandèrent noblement ce que la nation française avait droit d'attendre de lui : des institutions libérales, pour lesquelles nous combattons depuis vingt-cinq ans, et dont la conquête peut seule mettre un terme à la révolution. Si, dès-lors, tous les partis se fussent confondus dans la même volonté, le prince appelé par le vœu national au trône de ses ancêtres eût accepté et non pas octroyé une charte constitutionnelle, qui l'eût mis dans l'heureuse impuissance de céder aux suggestions de ses ministres et aux absurdes prétentions de ses courtisans. La nation, heureuse et libre, eût oublié dans le repos cette gloire dont elle était déchue, et qu'un souvenir récent lui rendait si pénible.

Qu'est-il arrivé à ces deux époques? Napoléon s'est enivré à la coupe du pouvoir; ses nombreux flatteurs, en excitant en lui cette fièvre d'ambition dont il était dévoré, ont trouvé le moyen de le rendre odieux au sein même de la victoire, qui n'était plus entre leurs mains qu'un instrument de despotisme. Cette puis-

sance monstrueuse et colossale, élevée contre
toutes les règles de l'équilibre politique, s'é-
croula sur sa base et couvrit la France de ruines.

La chute de Napoléon, à laquelle l'Europe
entière applaudit, en rendant aux Français l'espoir de la liberté, les trouva moins sensibles
à des revers auxquels la fortune avait la plus
grande part ; on crut voir dans l'arrivée des
Bourbons le terme d'un glorieux esclavage. On
se flatta qu'un prince bon, généreux et spiri-
tuel, élevé à l'école du malheur, saurait com-
patir à ceux que nous avions soufferts pendant
sa longue absence, et qu'il ne réclamait l'héritage de Henri IV que comme légataire de ses
vertus. Les courtisans de Louis XVIII se sont
empressés de détruire le charme : les qualités
précieuses, les intentions bienfaisantes du monarque ont été neutralisées par les vues étroites
de son ministère, et par les prétentions gothiques de sa cour.

Dès-lors on put craindre une révolution nouvelle. Elle s'opéra sans éprouver le moindre
obstacle, et sans coûter une goutte de sang
français.

Bonaparte, à la tête de six cents hommes,

s'élança, pour ainsi dire, du rocher de l'île
d'Elbe au château des Tuileries ; les mots ma-
giques de *gloire* et d'*indépendance nationales* lui
ouvrirent toutes les routes ; l'armée le reçut
avec enthousiasme ; et la nation, encore une
fois séduite par ses promesses, avide de la liberté qu'il lui présentait, oublia l'empereur,
et ne se souvint que du premier consul. Il fut
permis de croire que l'infortune, l'exil et la
méditation avaient opéré en lui un heureux
changement, et que Napoléon en paix mettrait
désormais sa gloire à faire fleurir la liberté publique, dont il avait été le plus dangereux ennemi.

Dans cet état de choses, j'ai vu avec désespoir l'Europe entière s'armer de nouveau contre
nous ; j'ai même eu le tort, que j'aurai probablement toujours, de désirer que la victoire
restât à nos armes, et de m'obstiner à ne voir
que des ennemis dans des étrangers armés, sous
quelque bannière qu'ils se présentassent. Tout
inégale que fût la lutte qui nous était offerte,
je ne croyais portant pas impossible que nous
en sortissions vainqueurs ; je ne comptais pas
nos ennemis ; je ne voyais que le courage in-

vincible de nos troupes, et le génie militaire
de leurs chefs : deux cent mille Français bien
commandés me semblaient pouvoir braver toutes les forces de l'Europe.

La journée de Waterloo a détruit de si nobles illusions : je laisse le soin de les carac-
tériser d'une autre manière à ces estimables
Français qui se réjouissent de voir les armées
de l'Europe débordées sur la France, et la
gloire nationale ensevelie dans les pleines de la
Belgique. L'élite de la première armée du
Monde a péri dans cette funeste journée ! J'aurais voulu que l'homme extraordinaire qui nous
a gouvernés quinze ans eût trouvé une mort
digne de lui sous le feu des batteries anglaises,
et qu'il ne nous eût pas réduits à rougir de le
voir finir ses jours dans la prison du roi Jean,
où il est attendu. Quoi qu'il en puisse être de
son sort, sa carrière politique est finie ; il a
cessé pour jamais de régner sur la France ; et
son sceptre, qu'il ne tenait que des mains de
la Victoire, s'est brisé avec son épée.

Les suites de la terrible journée du 18 juin,
en amenant des légions d'ennemis sous les murs
de la capitale, en plaçant de nouveau l'opinion

publique sous l'empire irrésistible de la force,
préparent à la France de nouvelles destinées,
sur lesquelles il est à craindre que toute la.sa-
gesse humaine ne puisse avoir qu'une bien
faible influence. Dans la situation terrible où
nous sommes, à l'aspect des maux où la patrie
est en proie, nous ne sommes plus comptables
envers elle que de nos souvenirs et de nos vœux.

Je ne crains pas de rappeler les uns et d'exposer les autres.

Ennemi de l'anarchie et du despotisme, j'ai
su me conserver libre sous tous les gouvernemens qui se sont succédés en France depuis
vingt-cinq ans ; je n'ai sollicité, je n'ai voulu
ni places, ni grâces, ni faveurs, et je pourrais
me prévaloir des nombreuses persécutions dont
j'ai été l'objet. Long-tems le compagnon de nos
guerriers, j'ai partagé leurs travaux, et j'ai
joui avec enthousiasme de leur gloire : on ne
m'a trouvé dans les rangs d'aucun parti, dans
les antichambres d'aucun palais, dans les bureaux d'aucun ministre : j'aurais voulu (et tel
a toujours été le sentiment qui a dirigé ma
plume) que, sous tel gouvernement que la
France eût été placée, elle ne perdît pas le seul

fruit de la révolution terrible qu'elle a subie, cette liberté, ces droits politiques, qui n'ont et ne peuvent avoir de garantie solide que dans une constitution librement consentie et solennellement jurée. Au nombre des moyens qui pouvaient conduire à ce résultat, quelque désirable qu'il soit, je n'ai point à me reprocher d'avoir arrêté un moment ma pensée sur la guerre civile, encore moins sur les succès des armes étrangères : l'honneur d'une nation passe avant sa liberté même.

Aujourd'hui qu'il est à craindre que la France ne puisse de long-tems aspirer à la gloire militaire, je me borne à former des vœux pour son bonheur, s'il est possible que l'un puisse aller sans l'autre.

Pour atteindre ce but, nous avons besoin d'oublier dans la paix, sous le règne d'un monarque populaire, que la France, pendant quinze ans, a dicté des lois à l'Europe, et qu'en quinze mois l'étranger a deux fois envahi notre capitale ; nous avons besoin d'oublier que des factions cruelles ont déchiré la patrie ; nous avons besoin de nous convaincre tous que le monarque appelé à régner sur nous à la suite de tant d'orages, doit être investi de toute la confiance de la nation, et que cette confiance réciproque ne peut être le résultat que de mutuels sacrifices. Ce n'est pas une restauration, c'est une régénération qu'il nous faut ; c'est un pacte social inviolable, qui unisse à jamais le peuple et le souverain, qui garantisse leurs intérêts et leurs droits, à l'abri duquel puissent fleurir à la fois l'autorité royale et la liberté publique.

Tels sont mes vœux ; que ne puis-je dire mes espérances !

FIN DU FRANC-PARLEUR.

TABLE.

		Pages
Nº XXVII.	Revue de l'an 1814.	1
XXVIII.	L'Hôtel d'Angleterre.	14
XXIX.	La Charte en Famille. . . . . ,	27
XXX.	Le Ventriloque.	41
XXXI.	La Matinée d'un Commissaire. . . .	53
XXXII.	Le Cauchemar. . . . . . . ·	66
XXXIII.	Les Visites du Matin.	79
XXXIV.	Les Maisons de Jeu.	94
XXXV.	Le Cousin et la Cousine.	118
XXXVI.	Une Matinée à la Halle.	130
XXXVII.	L'Intérieur d'une Eglise.	141
XXXVIII.	Le Retour de l'Empereur.	152
XXXIX.	Les Propos de Table.	163
XL.	Le Foyer des Théâtres	178
XLI.	Un Souper de Femmes.	191
XLII.	Le Déménagement.	207
XLIII.	Une Nuit de Paris	221

Pages.

N° xliv. Inconséquences dans les Mœurs. . . . 234

xlv. Les Désapointemens 248

xlvi. Les Intrigans. 260

xlvii. Les Dupes. 272

xlviii. Les deux Champs-de-Mai. 284

xlix. Profession de Foi politique. 295

FIN DE LA TABLE DU TOME II ET DERNIER.

TABLE

ALPHABÉTIQUE DES MATIÈRES

CONTENUES

DANS LES DEUX VOLUMES DU FRANC-PARLEUR.

———

Nota. Le chiffre arabe indique la page, le chiffre romain le volume.

A

Absence (une longue). 20, I.

Acajou (roman par Duclos). 145, I.

Acclamations universelles. 29, I.

Accoutrement (l') des Anglaises. 53, I.

Adieux (les derniers). 266, I.

Adisson ; cité. 101, 179, I.

Adrien ; cité. 251, I.

Aérostat (un). 34, I.

Affaires (cabinet d'). 330, I.

Agrémens (les) de la ville et de la campagne.   , I.

Agriculture (manufacture de l'). 234, I.

Alcoran (l'). 239, I.

Alexandrie (en Egypte). 383, I.

Alger (passeport pour). 92 , I.

Alibert (M.) , médecin. 104 , I.

Alibour, gouverneur d'un jeune prince de Bagdad. 238 , I.

Alignement (l') d'une rue nouvelle. 3 , II.

Allaiter ses enfans. 198 , I.

Allégresse (transports d'). 23 , I.

Ambassade (titres à une). 66 , I.

Ambition (la fièvre de l'). 186 , I.

Ambition désapointée. 256 , II.

Amérique (campagne en). 97 , I.

Ames (les médecins des). 179 , I.

Amirauté (l') anglaise; sa loyauté. 279 , I.

Amis (la bienveillance des). 22 , II.

Amour-propre (l') s'oppose à l'esprit d'observation. 180 , I.

Amphyction ; temple qu'il fit bâtir à Athènes. 298 , I.

An (le premier jour de l'). 5 , II.

Anglaise (vivre à l').   , I.

Angleterre (l'hôtel d'). 16 , II.

Angleterre (maladie venue de l'). 81 , I.

Animal superstitieux. 13 , I.

Année (la bonne). 2 , II.

Annonce d'ouvrages. 220 , I.

Antoine (tentation de saint). 110 , I.

Apoplexie (attaque d'). 227 , II.

Apprendre (le chagrin de ne rien). 20 , I.

Apreville (le baron d'). Son portrait. 300 , I.

A propos (le talent de faire les choses). 72 , I.

Arbitrage (frais d'). 224 , II.

Arboise (M. d') ; cité. 308, I.

Aristote ; cité. 101 , I.

Arrogance (l'), espèce de fluxion morale. ɩ83, ɩ.

Aspirays (les) aux places. 66, 67 , ɩ.

Assaut (maison prise d'). 2ɩ7 , ɩɩ.

A semblée (le tableau d'une) électorale. 269 , ɩɩ.

Astréos (palais d'). Son retour. 63 , ɩ.

Attitude (une) impassible. ɩ05 , ɩɩ.

Auberges (la cherté des). 285, ɩ.

Auguste , empereur romain. ɩ55 , ɩ.

Auteur (le droit d'). ɩ58 , ɩ.

Autorité (l') suprême. 38 , ɩɩ.

B

Bains (les). Sujet du N° VIII. 97 , ɩ. Maison de. —
Orientaux. 97, ɩ. — Vigiers, etc. ɩ00 , ɩ02 , ɩ.

Bal (salle de). ɩ7ɩ, ɩ.

Banc de quart (terme de marine). 5 , ɩ.

Banderolles (des milliers de). ɩ00 , ɩ02, ɩ.

Barbeyrac (Jean) ; cité. 97 , ɩɩ.

Barbezieux (pâté de). 293 , ɩ.

Barras (Alphonse de). 22 , ɩ.

Barrière (un commis de). 33 , ɩ.

Battus (les) paient souvent l'amende. 60, ɩɩ.

Beauvilliers sous Louis XV. 253 , ɩ.

Beccaria ; cité. 204 , ɩ.

Bergerette (une). ɩ5 , ɩ.

Bernard (procureur). ɩ70 , ɩ.

Bibliothèque de Racine. ɩ58, ɩ.

Bienséances (le respect des). 287 , ɩ.

Bignon (la sœur), supérieure des sœurs de la Charité.
359, ɩ.

Biographie (nouvelle). ɩ06 , ɩɩ.

Biron (mot de). 149, I.

Bobèche (les parades de). 120, I.

Boileau. Son talent pour la flatterie. 145, I.

Bonaparte. Son amour pour la flatterie. 258, I.

Bonheur (le) public. 95, I.

Bonhomie (air de). 1, 2, I.

Bordeaux. La diligence de. — Un chanoine de. 264, I. — Insurrection de. 285, 336, I.

Boucher (les dessins de). 145, I.

Bourguemestre (la gravité d'un). 221, II.

Boxeurs (les) à Paris. Attitude d'un. 148, 272, I.

Branlebas, terme de marine. 5, I.

Braves (les) qui n'ont jamais été vaincus. 21, 140, I.

Braves gens (famille de). 18, I.

Brémont (la marquise de). 304, I.

Bretons (politique des vieux). 147, I.

Briel (baigneur). 98, I.

Brochures (les) ; leur immense quantité. 145, I.

Broglie (M. de). 333, I.

Brouillerie de famille. 170, I.

Bruit confus. 223, II.

Bureau (le) des Nourrices. Sujet du N° XVI. 188, I.

Bussi-Rabutin (les mémoires de). 100, I.

Buvette de nuit. 23, II.

C

Cabaleur des théâtres. 63, II.

Cabarets des halles. 140, II.

Cadiere (le curé de la). 3, I.

Cadix (les prisons de). 283, I.

Calcul sur la vie. 78, 1.

Calembourgs (traiter les questions les plus graves en). 40, 1.

Callot, peintre en caricatures; sa réputation, ses succès. 110, 1.

Calmet (dom); cité. 46, II.

Camp (faire un) dans sa maison. 36, II.

Campagne (plan de). 88, 1.

Candidat protégé. 86, II.

Canon (le bruit du). 11, II.

Capucines (l'emplacement des). 347, 1.

Caractere (altération du) national. 51, 1.

Cardon (Jérôme); cité. 67, II.

Caricatures (les). Sujet du Nº IX. 107. Etymologie de ce mot. 107. Invention. 108. Progrès. 109, I.

Carte (la) d'une auberge. 297, 1.

Catastrophe déplorable. 320, 1.

Cathédrale (les issues de la). 30, 1.

Caton à Utique. 79, 1.

Cauchemar (le). Sujet du Nº XXXII. 66, II.

Cause (la) du Roi. 66. Manière de la servir. 67, I.

Cave éclairée. 23, II.

Cédéron (le marquis de); ses talens, ses qualités. 180, 1.

Cervantes (sa triste fin). 159, 1.

Chabert (M. de); cité. 5, 1.

Champs-de-Mai (les deux). Sujet du Nº XLV. 284, II.

Chanoine (portrait d'un). 308, 1.

Chapelle (la) du Roi. 161, II.

Chapelle (le faubourg de la). 19, 1.

Chapitre (la Maîtrise du). 28, 1.

Charlemagne (poëme de). 10, II.

Charte (la) constitutionnelle. 340 , 1.

Charte (la) en famille. Sujet du N° XXIX. 27, II.

Chartrain (le pays). 271 , I.

Chasseur (un) galonné. 18 , II.

Châteaubriant (M. de) ; cité. 337 , I.

Chaumont (la butte de Saint-). 228 , I.

Chemins (gentilshommes de grands). 275 , I.

Cheval (le) de bronze. 31 , I.

Childebert. 25 , I.

Chimie (la) ; ses progrès. 104 , I.

Chose (tirer parti de sa). 44 , I.

Chroniques (vieilles). 14 , I.

Cicéron ; son opinion sur le suicide. 73 , I.

Circonstances (s'accommoder aux). 37, II.

Clénord (M.) ; son ton et ses manières. 39 , I.

Cocarde (la) tricolore. 31. Blanche. 332 , I.

Colomb (Christophe). 151 , I.

Colonne (la) d'Austerlitz. 347 , I.

Comédienne de province. 270 , I.

Commodor (services et prétentions d'un vieux). 68 , I.

Comte (M. le physicien) ; cité. 44 , 49 , II.

Comtesse de hasard. 20 , II.

Concert (un mélodieux). 33 , I.

Conditions pour remplir un emploi. 42 , I.

Conquis (être en pays). 39 , II.

Convenances (l'Art des). 299 , I.

Correspondance de Geoffroy. 133 , I.

Coryphée (le) des mendians. 219 , I.

Coulange (M. de), ancien conseiller. 343 , I.

Courber (manière de se). 7, II.

Cousin (le) et la Cousine. Sujet du N° XXXV. 118, II.

Cousins (les). 17, II.

Cousins (les deux). Sujet du N°. XXIII. 324, I.

Courriers (les) anglais. 146, I.

Courtisans ; leur franchise. 241. D'Alexandre, de Philippe. 246, I.

Courtisiana. Sujet du N° XIX. 237, I.

Courton (chefs-d'œuvre de). 247, I.

Couverts (salon de 150). 19, I.

Crébillon (le fils). Son sentiment sur les Parisiens. 263, I.

Crise (singulière). 64, I.

Croisades (le tems des). 224, I.

D

Danube (les rives du). 136, I.

Darvis (Mme) ; citée. 376, I.

Débat (conjugal). 196, I.

Delille (l'abbé). Vente de la traduction des Géorgiques. 160, I.

Délire (le) révolutionnaire. 293, II.

Déménagemens (les). Sujet du N° XLII. 207. II.

Déménager (l'ennui de). 209, II.

Démoniaques (espèce de). 187, I.

Denain (la victoire de). 249, I.

Dépôt sacré. 193, I.

Déraison (le privilége de la). 173, I.

Désapointemens (les). Sujet du N° XLV. 248, II.

Descourtils (M.). Son caractère, son adresse. 169, I.

Destruction (œuvre de). 218, II.

Deux Frères (les). Sujet du N° XXII. 324, I.

Deviner (on peut) au costume la profession d'un espognol. 85, I.

Dévotions (faire ses). 298, I.

Dévouement (preuves de). 32, I.

Diderot. Anecdotes sur cet académicien. 256, I.

Différence d'une année à une autre. 2, II.

Diligence (l'intérieur d'une). 265, I.

Dîme (suppression de la). 369, I.

Discipline militaire établie dans les lycées. 229, I.

Distinguées (demander l'aumône avec des manières).
219, I.

Domicile (un) de nouvelle espèce. 224, II.

Dormer (M.), banquier. 305, I.

Drapeau (le) blanc, 315, I.

Drapeau (le) tricolore. 162. Blanc. 270, II.

Droits réunis (les). 32, I.

Droits (les) politiques. 304, II.

Dubois (le ministre) ; ses flatteurs. 251, I.

Dubucourt (les dessins de). 112, I.

Dubuisson (M.), sous-chef de bureau. 37, I.

Duchesse (portrait d'une). 290, I.

Duclos ; cité. 250, I.

Dugommier (le général). 373, I.

Dumourier (le général). 320, I.

Dupes (les). Sujet du N° XLVII. 272, II.

Dussaulx ; son livre sur les yeux. 100, II.

Duterrier (M.). Son caractère. 38, I.

E

Eaux (minérales). Usage qu'en faisaient les Romains.
103, I.

Echantillon (Paris offre un) de tous les peuples. 86, I.

Eclaireur (marcher en). 282, I.

Efficacité des bains de Tivoli. 104, I.

Eglise (l'intérieur d'une). Sujet du N° XXXVII. 141, II.

Egyptiens (les); leur police. 215, I.

Eloquence (l') de l'intérêt personnel. 54, II.

Emeutes populaires; le quartier-général des. 329, I.

Emile (l'); influence de ce livre. 199, I.

Empereur (le retour de l'). 152, II.

Empire (l') d'une femme. 32, II.

Enchère (mettre l'honneur à l'). 46, I.

Encouragement (la Société d'). 231, I.

Enfans les plus chers au cœur du Roi. 21, I.

Enfers (la grande porte des). 141, I.

Engagemens (nouveaux moyens de faire face à ses). 81, I.

Entrée du Roi. Sujet du N° II. 13, I.

Entrée et sortie. 13, II.

Entrepreneur (un) de chutes dramatiques. 63, II.

Epargne (le trésorier de l'). 244, I.

Epiménide (un nouvel). 284, II.

Erreurs (Emulation d'). 326, I.

Escalier (le grand). Sujet du N° V. 60, I.

Escamotage (tours d'). 47, II.

Esculape (le favori d'). 227, II.

Espérance (l'). Quelle est sa valeur. 78, I.

Esplanade immense. 293, II.

Esprit prophétique. 318, I.

Etablissemens relatifs aux hospices. 205, 217, I.

Etat (probité d'). Suppression d'. 45, 209, I.

Etats de Blois (la trégédie des). 10, II.

Etrangers (le Cercle des). 102, 103, II.

Étiquette (l'ennui de l') Altération de l'. 288, 338 , 1.

Eunuques (le chef des). 240, 1.

Événement le moins probable. 277, 1.

Exceptions aux règles générales. 200, 1.

Exil (après vingt ans d'). 23 , 34, 1.

Expériences physiologiques. 212, 1.

Expression (angélique). 30 , 1.

F

Fabriques (les) des églises. 142, 11.

Faculté (la) en corps. 183, 1.

Famille (papiers de); dîner en. 5 , 65, 1.

Fatuité (la). Ses effets. 190, 1.

Fautes (le souvenir de ses). 20 , 1.

Favoris (des) ministériels. 153, 11.

Fénélon ; cité. 253 , 1.

Fenêtre (regarder par la). 2, 11.

Fête (la) et le Lendemain. Sujet du N° XIV. 167, 1.

Fête (une) de famille. 177, 1.

Ferme générale (la). 92, 1.

Fermentation (un reste de). 95, 1.

Feuilletons (le patriarche des). 130, 1.

Fiacre (cocher de). 55, 11.

Fièvre pamphlétaire (terrible). 183, 311 , 1.

Figure humaine (un tonneau à). 270, 1.

Figures (l'expression des). 95, 11.

Flatteries (trois espèces de). 250, 1.

Folies (la carrière des). 18, 11.

Fontenelle ; cité. 129, 1.

Fontenelle ; cité. 46 , II.

Force (transfèrement à la). 319 , I.

Fortunes (bonnes) 98 , I.

Foyer (le) de la Comédie-Française. 180 , II.

Foyers (les) des Théâtres. Sujet du N° XL. 178. II

France (cérémonial de). Le bonheur de la France. 18 , 338 , I.

France (situation de la). 5 , II.

Franc-parler (avoir son). 9 , I.

Franc-Parleur (le surnom de). 9 , I.

Frédéric le grand. Son mépris pour les courtisans. 255 , I.

Fréminville (M.). Son ton , ses habitudes, etc. 41 , I.

Fructidor (révolution du 18). 330 , I.

G

— *Gaillochot* (Thérèse). Son ton, ses manières. 207, I.

Garde (les grenadiers de la vieille). 21 , I.

Gaston, frère de Louis XIII. 339 , I.

Généalogique (pièce). Arbre. 300 , 313 , I.

Général (le plus grand). 300 , I.

Génie (l'homme de). 91 , I.

Gens de lettres (des). 91 , I.

Giraud (la sœur). 359 , I.

Gloire (la récompense de la). 20 , I.

Godefroi (ouvrage de). 340 , I.

Gothiques (des prétentions). 300 , II.

Gourmandise (dispositions pour la). 255 , II.

Gouvernement constitutionnel. 28 , 29, II.

Gouvernement (le) consulaire. 11 , I.

Grâces (le protégé des). 14, I.

Grammont (le duc de), courtisan. 246, I.

Grange-Batelière (l'hôtel). 15, II.

Grecs (des) d'une nouvelle espèce. 102 , II.

Grecs (l'esprit des) sur la mendicité. 215 , I.

Grégoire (de Tours) XI. 25, 100.

Gresset (maxime de). 262, I.

Grille (Nicolas); cité. 293, I.

Grimoire (mots de). 2, II.

Gueuserie. (les pandectes de la). 212, I.

Gui de chêne, fête des Gaulois. 223, I.

Guibert (voyage en Prusse de M. de). 143, I.

Guichi (peintre en caricatures). 110, I.

Guillaume (Mme). 123, I.

H

Habit (changer d'). 280, II.

Habit (retourner son). 138, I.

Habitation (nouvelle). 211, II.

Habitudes (les) de l'Europe. 89, I.

Halles (origine de la construction des). Leurs mœurs, leurs usages. 131, II.

Hamilton (Mylady Mary); citée. 147, I.

Helvétiens (les). Leur hospitalité. 11, I.

Henri IV (le petit-fils d'). La statue (d'). 17, 33, I.

Herminie. Son portrait, ses goûts. 75, I.

Hermoniens (la race des). Ses droits et priviléges. 131, I.

Hetman (l') des Cosaques. 80, I.

Heures (les) de Paris. Sujet du N° XXI. 290, I.

Hier et aujourd'hui. 64, I.

Histoire (la meilleure) sur la révolution. 152, I.

Histoire (l') entière des mœurs. 53, II.

Histoire du Franc-Parleur. Sujet du N° Ier. I, I.

Historiographe (breyet d'). 249, I.

Hochstedt (la défaite d'). 249, I.

Homme (la dignité de l'). 232, II.

Homme de paille. 265, II.

Hommes (les) de cœur, d'esprit. 131, I.

Honnête homme. Ce qu'on entend par cette qualité. 43, I.

Hôpital (le genre humain est un vaste). 181, I.

Hospice (l') des Enfans-Trouvés. Sujet du N°. XXV. 50, I.

Hôtel (l') d'Angleterre. Sujet du N° XXVIII. 14. II.

Huissier (un) au Châtelet. 264, II.

Humour (dose raisonnable d'). 146, I.

I

Idées politiques (les) de certains hommes. 4, II.

Image burlesque. 113, I.

Imon (le grand), dignitaire de Bagdad. 238, I.

Incohérence dans les manières. 91, I.

Inconséquence dans les mœurs. Sujet du N°. XLIV. 234, II.

Incroyables (costume des). 114, I.

Incurable (mal). 184, I.

Indécision des mœurs actuelles. Sujet du N° VII. 84, I.

Indes (les) occidentales. 297, I.

Indre-et-Loire (les journaux d'). 289, I.

Infanticide (le crime d'). 204 , I.

Infortune (une véritable). 254 , II.

Ingratitude (leçon d'). 201 , I.

Immortalité (le dogme de l'). 43 , II.

Innovations (de quelques). 227 , I.

Institut (l'organisation de l'). 227 , I.

Institution sociale. Examen de quelques-unes. 201 , I.

Intrigans (les). Sujet du Nº XLVI. 261 , II.

J

Jardin (le) turc. Sujet du Nº X. 118 , I.

Jaucourt (le chevalier de). 14 , I.

Jeunesse (les avantages de la). 205 , I.

Jeux (création de l'administration des). 100 , II.

Joconde (l'opéra de). 306 , I.

Jongleurs (espèce de). 218 , I.

Journaliste (les oreilles d'un). 138 , I.

Jugement de Dieu (en appeler au). 224 , I.

Jurine, co–propriétaire des bains de Tivoli. 106 , I.

Justice (grand acte de). 65 , II.

Jury (l'institution du). 227 , I.

Journaux (le meilleur des). 12 , II.

K

Kiosque, éclairé en verres de couleur. 123 , I.

L

La Bruyère ; cité. 179, I.

La Bruyère ; cité. 142, II.

Lactaire (la colonne) à Rome. 354, I.

Lance (prouver son droit à coups de). 224, I.

Laroche-Aymon ; cité. 247, I.

Legrand (Joachim) ; cité. 292, II.

Léman (le département du). 203, I.

Le Nôtre , quelquefois courtisan. 247, I.

Léon X. Son goût pour les beaux-arts. 156, I.

Léon ; son histoire. 106, 107, II.

Lettres (les) ; on peut les calomnier. 155, I.

Lévis (le duc de). 106, I.

Lieux (l'état des). 216, II.

Ligue (procession de la). — Après la destruction de. 109, 312, I.

Liqueur (la) de l'ouvrier. 232, II.

Livrée (changer de). 7, II.

Locations (la salle des) , ou Bureau des Nourrices. 203, I.

Londres. 278, I.

Longuerue ; cité. 244, I.

Louis XV , XVI. Leur caractère. 254, 257, I.

Louvois. Anecdote sur ce ministre. 247, I.

Lucile (l'opéra de). 209, I.

Lussan (le marquis de). 152, I.

Lutzen (la bataille de). 345, I.

M

Madrid (peinture des mœurs de). 84 , I.

Madragues (les). 93 , I.

Magasin de layettes d'enfans. 358 , I.

Maison roulante. — Héréditaire. 265 , 307 , I.

Maisons (les) de jeu. Sujet du N°. XXXIV. 94 , II.

Maitresse femme. 37 , I.

Maladie (certaine) des Français. 276 , I.

Mansard (flatterie de). 247 , I.

Marais (les patriarches du). 122 , I.

Marat (les flatteurs de). 260 , I.

Marchand (un) de laines. 3 , II.

Marchés (différentes espèces de). 136 , II.

Marguillier (le) d'une paroisse. 144 , II.

Mariage des gens de lettres. 166 , I.

Mariage (un mauvais). 258 , II.

Marmontel (les enfans de). 165 , I.

Martinet (la boutique du libraire). 114 , I.

Maternel (source de l'amour). 352 , I.

Maternité (les prérogatives de la). 199 , I.

Matinée (la) d'un commissaire. Sujet du N°. XXXI. 53 , II.

Matinée (une) à la Halle. Sujet du N°. XXXVI. 130 , II.

Mascarade (explication d'une singulière). 241 , I.

Masse (grosse). 267 , I.

Mazeppa. Anecdote sur ce Page. 79 , I.

Meillonas (M. de), ancien major. 302 , I.

Mélodrame (le). 120 , I.

Mémoires d'un laquais. Sujet du N° XXVI. 364, I.

Mendians (les). Sujet du N° XVII. 211.—Leur confrairie, leur livrée, leur code.—Du peuple, des classes supérieures et de distinction.—Métier des. 212, 214, I.

Mendier. Différentes acceptions de ce mot. 213, I.

Mérinos (importation des). 232, I.

Messager d'Etat. 66, I.

Messagère (une jeune). 191, I.

Messe (la) du Roi. 300, I.

Météore (un nouveau). 155, II.

Mobilité de sentimens. 198, I.

Mode remarquable. — Les attaques de la. 35, 101, I.

Modes (l'oracle des). 195, II.

Mœurs (petit tableau de). — Bourgeoises. 168, 119, I.

Molière (les farces de). 107, I.

Moneron (M. de). 10, I.

Monnaie d'un nouveau genre. 9, II.

Montaigne ; cité. 179, I.

Montansier ; son éloge. 254, I.

Montègre (M. de); cité. 48, II.

Montesquieu ; cité. 129, I.

Monument défectueux. 64, I.

Morangère (M. de la). Ses habitudes. 17, 18, II.

Morceau final. 96, I.

Morts (dialogue des). Sujet du N° XI. 129, I.

Morval (le comte de). 221, I.

Moti-Lillah (jeune prince de Bagdád). 237, I.

Moskowa (les rives de la). 136, I.

Moussinot (M. et Mad.). Leur caractère, leur ton, etc. 40, 167, I.

Mouvement extraordinaire. 62, I.

Musique italienne. — Un maître de. 40, 231, I.
——(Conservatoire de). 283, I.

N

Naissance (le prestige de la). 352, I.
Natation (l'école de). 103, I.
Nesle (l'hôtel de). 97, II.
Noir (un homme en habit). 291, I.
Notre-Dame (fondation de l'église). 25, I.
Nourrices (le bureau des). 202, I.
Nourrir (sur place). 208, I.
Noyon (l'évêque de) ; cité. 249, I.
Nuit (une) de Paris. Sujet du N° XLIII. 229, II.

O

Observer (la prétention d'). 287, I.
Œil-de-Bœuf (l'origine de l'). Sa description. 248, I.
Officieux (les). 169, I.
Oiseau (coiffure à l') royal. 90, I.
Ombres (les) d'un tableau. 7, II.
Ondées (les bains d'). 105, I.
Opinion (expression de l') publique. 158, II.
Orages (les) politiques. 284, II.
Oreilles (les) des grands. 242, I.
Orénoque (les sauvages de l'). 245, II.
Oublier (le tort de ne rien). Son pays. 20, 184, I.
Ouvrages remarquables. 9, II.

P

Pablo (don) de la Torreda. 84, I.

Pacte conjugal. 193, II.

Paix (la) rétablie. 274, I.

Palais-Royal (quelques détails sur le). 149, I.

Palpitation (maladie régnante). 186, I.

Pamphlets politiques. 115, I.

Panier (faire danser l'anse du). 46, I.

Parade (la). 121, I.

Paris (coup-d'œil sur). Sujet du N° IV. — Prise de. 49, 50, I.

Parisiens (manière de juger les). 55, I.

Parlement (le) britannique. 147, I.

Parleur (grand). 41, I.

Parodie (la) comparée à la caricature. 109, I.

Parterre (les arrêts du). 181, II.

Pas (mettre au). 174, II.

Pascal (les Pensées de). 144, I.

Passans (détrousser les). 246, II.

Pathologie morale. Sujet du N° XV. 178, I.

Pays (être de son). 49, I.

Perdre (moyen de) son tems. 80, II.

Père constitutionnel. 34, II.

Périclès. 132, I.

Perrin-Dandin. 185, I.

Perruque à la brigadière. 90, I.

Perspective brillante. 250, II.

Pétition curieuse. 68, I.

Peuple (le bon). 172, II.

Peuples (la félicité des). 292 , I.

Philippe-le-Bel. 25 , I.

Philippiques en vers et en caricatures. 111 , I.

Pichegru. Son prétendu suicide. 115 , I.

Pied (l'ancien). 93 , I.

Pilotin (la place de). 5 , I.

Pimentel , aventurier italien ; cité. 99 , II.

Pincettes (chercher des idées à coups de). 41 , II.

Platon ; cité. 216 , I.

Plutarque ; cité. 164 , II.

Polenta , cuisine italienne. 89 , I.

Politesse provinciale. 19 , II.

Politique (la) des femmes. 192 , II.

Politique (la) des Anglais. 276 , I.

Ponceau (la fontaine du). 15 , I.

Pont des Arts (le). 304 , I.

Ponton (à bord d'un). 278 , I.

Pomme d'Or (l'auberge de la). 287 , I.

Portière (les manières d'une). 213 , II.

Potier , l'acteur des farces. 89 , II.

Potsdam (les petits soupers de). 343 , I.

Poupart (l'abbé). Son histoire. 148 , II.

Pour et contre. Sujet du N° XVIII. 222. I.

Préjugés (provision de vieux). 32 , II.

Préjugés (les) gothiques. 249 , II.

Préséance (la) dans une procession. 27 , I.

Profession de Foi politique. Sujet du N° XLIX. 295. II.

Projet renversé. 95 , I.

Promenade (la) au Palais-Royal. 116 , I.

Promenade mystérieuse. 229 , II.

Propos (les) de table. Sujet du N° XXIX. 163 , II.

Propriété (de la) littéraire. Sujet du N° XIII. 154 , I.

Protections (avantage des). 24, I.

Prusse (la campagne de). 351, I.

Pugilat (le) britannique. 147, I.

Pyramidales (ruches). 234, I.

Q

Quiberon (expédition de). 316, I.

Quinault (les prologues de). 249, I.

Quolibets (des) grivois. 135, II.

R

Raison (grosse). 140, II.

Rappel (le). 13, I.

Rapprochement (moyens de). 164, II.

Ravioli, cuisine italienne. 89, I.

Recherches curieuses. 14, I. .

Régent (le). 156, 250, I.

Régler (nouvelle manière de) ses comptes. 21, II.

Repas (le) du soir. 166, II.

Répondans (des). 206, I.

Représentation (les jours de première). 181, II.

Respect (le). 21, I.

Restauration (la) du trône. 26, I.

Retour de l'empereur. Sujet du N° XXXVIII. 152, II.

Retraite (pensions de). 182, I.

Rêve (singulier). 61, I.

Révélations importantes. 328, 334, I.

Revenans (maison habitée par des). 44, II.

Réverbères (les). 267 , 1.

Révolution (quelques effets de la). 226 , 310 , 1.

Révolution (le résultat de la). 175 , 11.

Revue de l'an 1814. Sujet du N⁰ XXVII. 1 , 11.

Rhétorique (nouvelle figure de). 116 , 130 , 11.

Rier (du) l'académicien. 159 , 1.

Robes (à queue, sans queue , courtes , etc.). 90 , 1.

Rodomontades chevaleresques. 333 , 1.

Romains (le dernier des). 35 , 1.

Roman (le) bourgeois. Ouvrage cité. 146 , 11.

Romans historiques, 366 , 1.

Rotrou, maître de Corneille. 159 , 1.

Roués (les) sous le Régent. 251 , 1.

Routes (les) du Simplon et du Mont-Cenis. 88 , 1.

Rustan (le mameluck). 384 , 1.

Russie (la campagne de). — Les déserts de la. 283,
    331 , 1.

S

Salique (la loi) dans le royaume des halles. 134 , 11.

Sardam (un armateur de). 252 , 11.

Sédaine (la veuve de). 165 , 1.

Séduction (la) du cœur. 191 , 1.

Séductions (la plus dangereuse des). 107, 11.

Séductions (un enchaînement de). 283 , 11.

Seigneurs (les magnifiques). 11 , 1.

Séminaire (l'esprit du). 86, 87, 11.

Senteur (des jets d'eau de). 25 , 1.

Sentimens (des) violens. 195 , 1.

Sésanne (M. de). 348 , 1.

Signification (la) de certains mots. 213.

Soldats (un séminaire de). 228 , I.

Solennités (deux grandes) chez M. Moussinot. 168 , I.

Solliciteur (le rôle de). 181 , I.

Sommanville (libraire). 159 , I.

Somay (le chevalier de); cité. 276 , II.

Souffre-douleurs (un). 237, 249 , II.

Souper (un) de Femmes. Sujet du Nº XLI. 191 , II.

Soupers (les) du grand monde. 181 , II.

Sous-organiste (le) de Notre-Dame. 28 , I.

Souvenirs de M. de Clénord. 144 , I.

Souveraineté (la) nationale. 171 , II.

Spectacles (la police des). 186 , II.

Statue (la) de saint Vincent de Paule. 357, I.

Stofflet, général vendéen. 342 , I.

Succession (manière d'ouvrir sa). 20 , II.

Suicide (le). Sujet du Nº VI. 71 , I. Définition du. (Maximes de Sénèque sur). Il est quelquefois une manie. 82, 83 , I.

Sultan (un) d'un nouveau genre. 137, II.

Survivance (la). 251 , I.

T

Table (un bout de) ; ses fonctions. 113 , II.

Tableau (triste). 219 , II.

Tableau imposant. 269 , I.

Tablettes (les) d'un homme de génie. 144 , I.

Tablettes d'un homme du monde. Sujet du Nº XII. 143 , I.

Tage (sur les bords du). 283 , I.

Talent (le) d'un propriétaire. 44 , i.

Talent et probité. Sujet du N° III. 35 , i.

Tapis (maison décorée de). 19 , I.

Tapisserie (la porte d'une). 295 , I.

Tarif (le) des succès dramatiques. 134 , I.

Temple (promenade aux boulevarts du). 118 , I.

Tems (manière de passer le). 31 , I.

Tems (rigoureux). 168 , II.

Teutatès , dieu des Gaulois. 223 , I.

Théâtre improvisé. 171 , L.

Théophraste ; cité. 179 , I.

Thermomètre (le) de la prospérité publique. 8 , II.

Titres (des) retrouvés. 69 , II.

Ton (le suprême bon). 114 , I.

Tourbillon (le) révolutionnaire. 311 , I.

Tours (la route de). Ancienneté de. 286 , 293 , t.

Tracasseries (les) domestiques. 207 , II.

Travailler une boutique. 231 , II.

Tribulations (les) de toutes les heures. 208 , II.

Turquie (de quelques lois de la). 198 , I.

Tuteur (un) infidèle. 32 , I.

U

Ulysse (tragédie d'). 10 , II.

Université (de l'). 229 , I.

Utilité (une grande) en termes de coulisses. 284 , L

V

Vaccine (le comité de). 231 , I.

Valdès (Louis de) ; cité. 212 , I.

Valdeck, lieutenant-général. 341 , I.

Vanité (la). Ses inconvéniens. 177, I.

Vapeurs (bains de). 105, I.

Vapeurs (la découverte des). 91 , II.

Varenil, mendiant d'un nouveau genre. 220 , I.

Vase grec (peinture d'un). 108, I.

Vatel ; cause singulière de sa mort. 80 , I.

Vendeurs (les) de paroles. 54, II.

Ventriloque (le). Sujet du N° XXX. 41 , II.

Vermont (Mme de) ; citée. Son caractère. 82 , 83 , II.

Vers (les débris des). 175 , I.

Vertèbres (la flexibilité des). 213 , I.

Verther (le livre de) ; ce qu'on doit en penser. 75, I.

Vertu (une) inébranlable. 298, II.

Vertugadin (robe à la). 90, I.

Vertus (les chances des). 38 , I.

Victor ; ses liaisons avec Herminie. 76 , I.

Villageoise (une petite) ; son portrait. 205 , I.

Villeroi (le maréchal de) ; cause de sa faveur, malgré
ses défaites. 247, I.

Vincent de Paule , fondateur des Enfans – Trouvés,
354 , I.

Vinci (Léonard de), peintre. 107, I.

Visites (les) du matin. Sujet du N° XXXIII. 79, II.

Vœux des moines. 217, I.

Voleurs sous Henri IV. Paris était une caverne de.
225 , I.

Voyage de Sterne ; de Paris à Saint-Cloud. (Apprêts
d'un). 143, 263 , I.

Voyage (un) en diligence. Sujet du N° XX. 262 , I.

Voyageurs malencontreux. 272 , I.

W

Washington (la conduite des Anglais à). 276, i.
Waterloo (la journée de). 296, ii.
Waux-Hall (la dernière fête du). 150, i.
Weissembourg (la prise des lignes de). 316, i.

Z

Zaïre (un nouveau titre de). 289, i.
Zumbo ; ses sculptures en cire coloriée. 151, i.

FIN DE LA TABLE ALPHABÉTIQUE DES MATIÈRES.

www.ingramcontent.com/pod-product-compliance
Lightning Source LLC
Chambersburg PA
CBHW050456270326
41927CB00009B/1771